私はイスラム教徒でフェミニスト

ナディア・エル・ブガ
＋
ヴィクトリア・ゲラン
中村富美子 訳

Nadia El Bouga+Victoria Gairin

LA SEXUALITÉ DÉVOILÉE.

Sexologue, féministe, musulmane

白水社

私はイスラム教徒でフェミニスト

装丁　名久井直子
写真　Bernard Bisson

診療室に登場する患者たちについては、個人が特定されないよう、名前および話題に変更を加えています。

日本の読者のみなさんへ
――コロナ禍を経て、伝えたいこと。

世界がコロナ禍に見舞われ、すでに一年半近くなります。フランスでは二〇二〇年三月十七日、最初の外出禁止令が発表されました。その厳しい感染対策を告げるマクロン大統領が、「戦争状態にある」とくりかえし口にしていたのを覚えています。措置はその後も強化され、散歩などの外出は一日に一回、最長で一時間、自宅から一キロ以内。通院も緊急時のみに制限され、外出時には外出証明書の携帯が義務付けられるなど、大変厳しいものになりました。

私が働く産科の領域では、入院期間が短縮されました。フランスでは出産後三日〜五日は病院で様子を見るのが一般的ですが、四十八時間での退院が促されたのです。そうなると、これまで病院で行なっていたケアを自宅で行なわなければなりません。この本にも書きましたが、フランスではＰＲＡＤＯという社会保険制度によって、助産師が家庭を訪問する産後ケアの体制が整えられています。そうした通常の訪問看護に加え、出産したばかりでリスクの大きな母親たちに特別に寄りそう必要が生まれたのです。

私が仕事をするヴァルドワーズ県はパリ近郊にあり、移民層をはじめ貧困世帯を多く抱えている地域です。コロナ禍以前から助産師が不足し、私のようにフリーランスで訪問看護できる助産師はわずかしかいません。コロナ禍によって訪問看護の需要が一挙に増え、現場は大変な混乱状態となりました。

とくに当初は新型コロナウイルスがどのようなものかもわからないなか、自分や患者を感染から守る防護具もなく、極度の緊張を強《し》いられました。医療従事者に配布されるはずのマスクすら助産師には届かず、抗議の声があがってようやく配給されました。しかし、やっと入手できたのは……外科用マスクとはほど遠い、おもちゃのようなものでした。その状況をフェイスブックで訴えましたところ、「オンライン診療に変えたから必要なくなった」とマスクを提供してくれる医師がいたり、3Dプリンターを持つ若者がボランティアで医療従事者用フェイスシールドを作ってくれたり、市民のさまざまな支援のおかげでなんとか乗り切ってこれたのです。

すべての医療従事者が極度のストレスのなかで働き、同じ状況だったと思います。

感染から自分の身を守り、患者さんを守り、さらに私の子どもたちや夫を守るのは、本当に大変でした。とくに夫は喘息《ぜんそく》を抱えているので、なんとしても感染を防がなければなりません。幸いにも私はセクソローグ（性科学医）として診療室を持っていましたから、一日に八件も九件も訪問看護した後で、帰宅する前に診療室に立ち寄り、シャワー室に飛びこんで、とにかく全身をくまなく丁寧に洗いました。着ていた服はビニール袋に詰め、すっかり着替えをしてからようやく帰宅の途につけたのです。

防護服に身を固めるのは感染を防ぐために仕方ないことですが、その一方で、患者に対して罪悪感を抱かせるようで気が重い面もありました。なにか自分を汚いもの、ふれてはならない「不可触民」であるかのように感じさせてしまうのではないか——そんなジレンマも、ストレスに輪をかけました。

同僚のなかには、感染リスクを避けるためにオンラインで診療したり出産を準備したりする助産師もいましたが、私には現場に行かないという選択肢はありえませんでした。「患者の自宅を訪問できますか」と打診されれば「もちろん」と即答し、なんの迷いも躊躇《ためらい》もなかったのです。なんと説明したらいいでしょう。女性たちに寄りそい、新しい命に寄りそうことが私の使命であり天職。そう感じているので、「パソコンの画面を通して診《み》る」ことなど考えられないのです。生身の人に接し、温かい体にふれ、命を感じないと、私はダメなのです。

私にとって今回のコロナ禍は特別な時間、人間としての特別な経験になりました。もちろん、コロナ禍は人類を襲った不幸な出来事です。私自身も心身ともに疲れきりました。けれどもその一方で、人間という存在を再発見できた気もします。正体のわからぬウイルスが急激に蔓延し、人々は世界の終わりのような雰囲気のなかにいました。その結果、些末なことにとらわれず、人々はまっすぐに本質的なものへと向かったのです。危機的な状況だからこそ、人間にとって、個々の人生にとって〝何が大切なのか〟が見えてきたのだと思います。

それは、分かち合いです。相手の声に耳を傾け、分かち合い、お互いを受け入れあうこと。それなしには、人は生きられないとわかったのではないでしょうか。

西洋的な合理主義では、人々は、見えるものやふれられるものしか信じません。ところが、このコロナ禍という出来事を通して、目や手で感覚できないものの意味についても、人々は考えなおさせられたはずです。生命や人生の意味について考える良い機会になったと思います。

私にとっては、物理的には人々により近づけ、スピリチュアルな面から言えば、まさに些末なことをとっぱらって本質へと戻ることができました。

ただ、この時期が過ぎてしまったら人々がこの経験を忘れてしまうのではないかと少しばかり危惧しています。一年半たった今、フランスでは何度目かの外出禁止令から脱し、危機は後退しているように見えます。人々は再び日常に戻ることや、目の前のことだけに心を奪われているようで気がかりです。私はいつも思うのです。人間は、なぜこうも忘れっぽいのかと。興味深いことに、アラビア語では人間《インサーン》と忘却《ネスヤーン》とは語源を共有しているのです。望んだわけではないにせよ、この期間が与えてくれた人間についての省察を忘れないようにしたいものです。

コロナ禍を経て、あらためて人に寄りそう医療のあり方を、人間という存在への希望とともに考えなおす――そのことを、この本とともに、みなさんと共有できたらとてもうれしく思います。

私はまだ日本に行ったこともなく、日本人の友人もいないので、日本については浅薄な知識しかありません。ただ、あなた方の文化では家族というものが大切にされ、家族内のヒエラルキーがとても重視されていると聞きます。それは私の文化の一部であるモロッコでも同じです。年長者や上の世代を敬うことは、もちろんすばらしいことです。ただその半面で、家族が極端なまでの従属の概念として機能してしまうという問題があります。この本で語っている「恥」の文化も同様です。象徴的に語るためにあえて強い言葉を使うなら、それは家族の成員である個人を押しつぶし粉砕してしまうような概念です。

家父長的なヒエラルキーのなかでは、当然ながら女性が最も抑圧を受けることになります。家族や、伝統的な文化に属する者たちにショックを与えないために、自分自身を抑え、押し殺し、檻《おり》に入れてしまう恐れがあります。モロッコであろうと日本であろうと、それは同じです。

共通の問題を抱えているかもしれない日本の読者のみなさんにメッセージを送るなら——家族と個人を同時に尊重する方法はあるということをお伝えしたいと思います。相手への敬意を失わずに、「私は同意できません」ときっぱり主張することはできるはずです。敬意は従属ではありません。そして、平和的な方法で世界を変えることはできると確信しています。穏やかで柔らかく平和的であることは、決して、受け身であることを意味しません。こころもちを変え、行動の仕方を変えることで、能動的に社会を変える力になるはずです。そのとき、常に、他者への敬意を忘れないこと。敬意と寛容。これが私の本を読んでくださる方へのメッセージです。

いつの日か、日本のみなさんにお会いできる機会があることを願っております。インシャ・アッラー（神の御心のままに）。

二〇二一年六月十日

ナディア・エル・ブガ

目次

〔凡例〕

原注は☪印で示し、段落の後ろに記しました。

訳注は〔　〕で括り、本文中に挿入しました。

序　「今夜は……」

それは二人だけで楽しむ大人のゲーム。合図は、あの箱。甘く燃える夜をもとめるときは、蓋《ふた》を開けておく。なかに入ったメモに今宵《こよい》の欲望のメニューが書かれている。まだ試したことのない体位、あるいはもっと単純に、久しぶりの二人だけのディナー。もし箱が閉じていたら、相手に無理強いはしないこと。それがルール。二人はかわるがわる「箱の主」になり、相手の期待や幻想と戯れ、おたがいの想像力をかきたてあい、サプライズを楽しむ。子どもたちの目の届かないところ、二人だけの世界でカードを切り直し、自分たちのセクシュアリテをつくりあげてゆく。このゲームに敗者はいない。

第1章　父が泣いた日

「ナディア、もう脱いでもいいわよ」

もうすぐ二十歳というときの、あるラマダン〔断食月〕の晩だった。聖なる断食《だんじき》の月ならではの特別な夜の礼拝、タラウィを終えてモスクを出るところで母がそう言った。スターリングラード〔パリのアラブ・イスラム系住民の集住区〕にあるモスクで祈りを捧げていたのは一時間あまり。そのさなかに私は神に出会った。リアルな体験だった。コーランが語る「結びつき」がようやく私にもわかったのだ。それは人と人をつなぎ、人を神に近づけ、人類の全体へと近づける「結びつき」。

「脱がないわ」

私はこのときスカーフを脱がなかったが、母はその真意をわかっていなかった。モスクで礼拝するとき、私はみなと同じようにスカーフを被《かぶ》ってきた。それは聖なるものへの敬意や慎み深さからで、カトリック教会や仏教寺院でも同じだと思う。

翌日、買い物に出かけようとすると、母に呼び止められた。

「ナディア、そんな恰好《かっこう》でどこへ行くの？　またモスク？　スカーフなんか被って」

当時、スカーフは一枚しかなかったので、被っていたのは昨日と同じもの。いまは引き出しいっぱいに色とりどりのスカーフが並んでいるけれど、それはずっと後のこと。

「買い物よ。昨日、言ったでしょ。スカーフは脱がないって」

「いったいどうして？　ダメよ、お前はラマダンのお祈りで気持ちが昂《たか》ぶっているだけ、じきに冷めるわ……」

　母は動転していたが、それでも冷静さを装っていた。父は文字通りくずおれた。

「ナディア、お前にはそんなもの必要ない。スカーフはお前じゃなくて預言者の妻たちが被るものだ。父さんは絶対に認めない！」

　父の目には涙が光っていた。私は高校を卒業したばかりで、そこそこ可愛《かわい》いし、青春を謳歌する年頃だ。父にしたらたまらなかったのだろう。こんなちっぽけな布きれのせいで、娘がすべてを台なしにしてしまうのを。父が頑張って築き上げたすべて、娘に託した希望のすべてが一瞬で泡と消えてしまうのを。もちろん世間の目もある。私は長女だ。周囲の人たちはどう見るだろう。あそこの父親は娘にスカーフを被らせている、と噂するにきまっている。

「ナディア、父さんには耐えられない。お前は賢い娘で、いつだって優等生だったじゃないか。これからってときに……」

　父を恨《うら》むつもりはない。大切な娘が周りから変な目で見られ、差別や偏見にさらされはしまいかと心配でたまらないのだ。

けれど私は曲げない。昨日、モスクで体験した神との結びつきを決して手放したくない。この充実感にずっと包まれていたい。昨夜、モスクを後にしながら私は至福に浸っていた。行きかうすべての人に陶酔の光があふれ、誰もかれもこの腕に抱きしめたかった。言葉では説明できない不思議な感覚。

思春期の頃はずっと自問していた。私は本当はどんな人間なのだろう。ひとは私のスタイルや長い髪に関心を持ち続けてくれるのだろうか。それとも日焼けして浅黒い私を避けるのだろうか。ようやく答えが出た。神に結びつき、自分自身とも折り合いがついたナディア・エル・ブガ。スカーフさえ被っていればこの状態でいられるとは思っていない。ただ、スカーフは信仰の道具の一つで、信仰の一部だということ。

もしスカーフを被れと強制されていたら、絶対に被らなかったろう。サウジアラビアやカタールに生まれていたら、心の底からムスリム〔イスラム教徒〕でいられただろうか。たぶん、いられなかった。そうした国々のイスラムは、私が信仰するイスラムとはかけ離れている。フランス人で良かった。民主主義の社会がいい。思春期の頃はジーンズにスニーカーを履き、ポニーテールにしていた。けれどスカーフを被る今のほうがずっと解放されていると感じる。それだけのこと。

ただ一つ、悔いがある。父を泣かせてしまったことだ。

第2章　バベルの団地

　その若い夫婦の家を訪ねたのは金曜日だった。出産を終えて退院したばかりの母子を家庭訪問して健診する、ＰＲＡＤＯと呼ばれる社会保障プログラムの一環だった。私たちのような助産師が、プログラムの担当者から依頼を受け、母親本人と日時を調整したうえで訪問する。健診にかける時間は一時間。こうして私はその見知らぬ夫婦と出会うことになった。

　家に着くと、玄関先からでもシャバット〔ユダヤ教の安息日〕の支度をしているのがわかった。女たちは台所でかいがいしく立ち働き、隣の部屋からは聖典トラーを朗唱する男たちの声が聞こえる。ドアを開けてくれたのは若い夫だった。愛想よく招き入れてくれたが、直観的に握手の手を引っ込めた。厳格なムスリムと同じように、正統派のユダヤ教徒も肌に触れることを性的な行為とみなしている。だから男女の間では握手をしない。私が「こんにちは」と言葉だけで挨拶すると、彼はほっとしたようだった。健診のために寝室に入ると、タンスの上に並ぶカツラが目に飛び込んできた。若い妻はスカーフを被っている。その姿はなぜか、ベルベル人〔北アフリカの先住民族〕を思わせた。

夫婦はともにフランス生まれだが、イスラエルへ移住し、コロニー〔入植地〕で生活していた。お腹が大きくなるまでそこで暮らしたが、子どもは自分たちと同じようにフランス生まれにしようとこだわり、フランスに戻ったのだという。赤ん坊を聴診し、母親にひと通り医療上の質問をし終えると、話題はおのずとパリ郊外で彼女が感じているという治安の悪さや、イスラエル・パレスチナ紛争へと移った。揺りかごを挟んで、ユダヤ教とイスラム教の女性同士がお互いの信仰について語り合うなんて、めったにない貴重な機会だ。若い妻は、男たちの視線から髪を隠すためにカツラを被っているのだと説明した。彼女の髪を見てよいのは夫だけだという。

出産のときに会陰《えいん》切開をしていたので、傷を診《み》る必要があった。診察で一番デリケートな瞬間だ。患者は股を開き、私は膣を診る。そこから言葉がほとばしる。出産後、いつから夫と関係を持ってよいのか。そのときに痛みはないか、傷はちゃんと治っているか。どんな思想、どんな信仰をもっていようと、問診の内容は変わらない。この機会に私は聞いてみることにした。ムスリムと同じように、出産後の一定期間は挿入が禁じられているのだろうか。

「挿入だけでなく、性関係はいっさい禁じられているの」と彼女は答えた。

出産するときに多くの血を流すので、ユダヤ教では、生理中と同じように出産後の女性もまた不浄とみなされる。男の子を生んだら七日間、女の子なら十四日間は一切の性交渉が禁じられているという。その後さらに「清浄な体」に戻るのに時間がかかる。息子を生んだ場合は三十三日間、娘なら六十六日間。いとまごいをしながら、ユダヤ教の超正統派が守っている習慣に思いをはせた。シーツに開けた穴からしか性関係を結ばないというもので、セクソローグ〔性科学医〕としてはなんともやるせない。厳格派のムスリムも似たようなもので、夫は妻を物としか見ていないのだ。夫婦の間を分かつこの象徴的なシーツほど屈辱的なものがあるだろうか。

夫妻はパリ近郊のサルセレスにある十二階建ての団地に住んでいた。往診する医者をうんざりさせる高層団地だった。外に出ると、いろんな人にすれ違う。北アフリカ人、マリ人、コンゴ人、カルデア人、インド人、パキスタン人……街に市《いち》が立つ日だった。女たちは野菜を抱えて家路を急ぎ、子どもたちはサッカーに夢中になっている。人々の暮らしはうまく回っていた。多文化が混じり合う美しさに満たされ、バベルの団地を後にした。

第3章　ＵＦＯ

　私はＦＭラジオ局「ブールＦＭ」〔ブールは「北アフリカ出身の移民の子としてフランスに生まれ育った者」を表わす俗語〕の火曜の昼間の番組『健康に乾杯』で、性について語るコーナーを担当している。その番組スタッフたちは、私のことをＵＦＯ〔未確認飛行物体〕だという。物に例えるとは失礼な、と最初は腹を立てたが、要するに「正体不明」「分類不能」ということらしい。一目でわかるレッテルが好きなメディアの世界で、それは致命的だ。私は助産師で、セクソローグで、ラジオのパーソナリティーで、二人の子を持つ母で、フェミニストで、敬虔なムスリム。その上、スカーフまで被っている！　というわけだ。

　ありがたいことに番組担当のジャーナリスト、フィリップ・ロビションは外見に惑わされずに私を信頼してくれた。実際、この番組は危険な賭けだ。平日の昼間、しかもムスリムのリスナーを相手に性を語るのだから、中途半端にお茶を濁すより、いっそ思いきってやったほうがいい。参加型の番組なのでリスナーからの質問も多い。なかには聞く耳を持たず異論をまくしたてる人もいる。それでも議論をすることで考えは変わっていく。話題は日々の診療からヒントを得ている。

　診療室は私の母体だ。患者にとっては避難所、くつろぎの場、道しるべ……求めるものはさまざまだが、いろんな思いを抱えた患者たちが安らぎ、価値判断や差別、偏見から逃れられるところであってほしいと願っている。女性、男性、同性愛者、異性愛者、イスラム教徒、ユダヤ教徒、キリスト教徒、無信仰者、無神論者。いろんな人が不安やタブー、他では告白できない欲望、ポルノの嗜好……ようするに自分のセクシュアリテを邪魔するものや、逆に刺激するものを打ち明けにやってくる。もちろん愛についてたくさん話すし、性欲や快楽についても率直に語る。患者は診療室の深紅の長椅子に身を沈めてリラックスし、子どもの頃の思い出や、自分たち夫婦が親からどう見られているか、あるいは異性に対するイメージについて語り始める。

　女性の患者には自分の体とうまく付き合えるように指導することもあれば、本人が知らないまま性器切除されていた事実を告げることもある〔女性性器切除（FGM）は心身に深い傷を残す人権侵害として、国連でも二〇三〇年までの根絶目標を設定している〕。男性にはPスポットの存在を教える。女性のGスポットにあたる性感帯で、会陰から届くところにあるが、その存在を知らない男性もいる。自分の体を自分のものにし、自分なりのセクシュアリテを実現できるよう、できるかぎりお手伝いをする。

それにしてもなぜ、スカーフを被るのかって？　それはまた後で話そう。少なくとも宗教のモザイクのようなこの街で、信頼を得る切り札にはなっている。

私は両親から宗教についてうるさく言われるようなことはなかった。ハラル〔イスラム法で許されていること〕とハラム〔イスラム法で禁じられていること〕というお決まりの二項対立でうんざりさせられることもなかった。それでも父がよく語り聞かせてくれた、お気に入りのコーランの一節がある。

「ああ、そなたら人間よ、一人の男と一人の女から私が作った人間よ。私はお前たちに民族や部族を作り、互いに知りあえるようにした。神の傍らで最も価値ある者は、最もつましく信仰篤い者である」〔コーラン第四九章一三節〕

この詩句が私を育て、人生を導いてくれた。なぜヴァルドワーズ県のガルジュ・レ・ゴネスで開業したのかと尋ねられるとき、すぐに思い浮かぶのがこの一節であり、「互いに知り合う」という語句のおかげで今の私があると感じている。子どもたちにも、この詩句よりも美しい財産は遺《のこ》せないだろう。とりわけ、私たちの起源は一つという呼びかけに心を打たれる。神が創った人類はさまざまな民族や部族になってこの地球上に散らばっているが、源は一つということ。つまり私たちの多様性は意図されたもので、偶然の賜物《たまもの》ではないのだ。信仰や伝統は違っても、人間同士は互いに知り合うよう作られている。多様性を生き、他者を受け入れ、排除される者たちを迎え入れること。それが私の人生の指針になった。

幼い頃からずっと、この詩句を壮大なジグソーパズルのように思っていた。無数のピースが世界中に散らばっていて、自分にふさわしいピースを見つけ出す前に、あらゆる可能性に出会えるようなゲーム。そもそもセクシュアリテも、欠けたピースを探すことではないだろうか。ソクラテスは「己れ自身を知れ」と言った。たしかに自分を知ることがセクシュアリテにおいても基本だろう。けれど、それだけでは十分ではない。誰かとともに在ること、いわば他者への跳躍がなければ。コーランはまさにその点を強く説いている。信仰心にしても、それだけでは絶対者の神秘に到達できない。幾何学の座標軸のように、他者と出会う水平的な関係がなければ、垂直的な関係も築けないのだ。


私は助産師の仕事を天職だと思っている。分娩室では赤ちゃんが生まれるだけでなく、いくつもの誕生に立ち会える。妊婦から母親が生まれ、夫から父親、カップルから両親、子どもたちから兄や姉が生まれる。そして出産に立ち会う私も、そのたびに私という人間のなかに生まれ直している。

私はフランス東部のブリーという町の産婦人科医院に十年ほど勤めた。小さな医院で、四〇キロほど離れたメッツ市とは大違いだった。病院統合が進むメッツでは、ボン・スクール医院と聖十字医院がメルシー病院という先進医療拠点として統合されようとしていた。そこでは助産師の「オフィス」に巨大スクリーンが何台も設置され、モニターを通して複数の出産を同時に看《み》られるようになるという。そうなると出産は増えるのだろうか。私が働いていたブリーの医院は規模も人間的で、和気《わき》あいあいとしていた。そこで七〇〇件近い出産に立ち会った。健康な乳児もいれば、何週間も様子をみなければならないケースもあった。双子や三つ子……障害を持って生まれる子もいた。妊娠中にわからなかった障害は、出産の悦びに否応なく影を落とした。ごくまれに両性具有の子もいた。分娩台の妊婦と、生まれてくる子の名前について話していたのが、生れ落ちるや突然、ことはそう簡単ではないと突き付けられた。妊娠中に夫婦があれこれ計画していたこともお流れになった。

仕事の進捗や緊急性に応じて、私たちはときに二つの分娩室を行ったり来たりした。女性同士のカップルが二組、同時に出産することもあった。一組は、彼女たちの友人である男性が生物学上の父親となり、もう一組はベルギーで人工授精していた。こんな状況にとまどう助産師もいるが、私にはむしろうっとりするような経験だった。両方の分娩室を行き来しながら、それぞれの様子を伝えたり、話を継いだりしたものだ。

二〇〇七年から二〇一〇年までの毎週、私は性科学の学位を取るためにメッツとボビニー〔パリ郊外〕を車で往復した。長女イナヤがお腹にいたときも、出産間際まで大学の講義に出ていた。助産師として働くようになって、生命の神秘を本当に理解するには生命の源、つまりセクシュアリテを学ぶ必要があると実感したからだ。

職場の同僚たちは次々と辞め、自分の診療所を開いて医療過疎を食い止めようとしていた。やがて私たちの医院が閉鎖するという噂が流れ、統合や新たな設備の話が持ち上がった。みんなで作り上げた朗らかで喜びに満ちた職場の雰囲気も変わりつつあった。私も働き慣れたモーゼル県で開業しようかとも考えたが、開業するならやはり多様性に富んだ地域を選びたかった。となると、やはりパリだろうか。しかしパリで開業すれば、患者の大半は富裕層になってしまうだろう。そこで、ネットで医療関係の職業地図を探してみることにした。すると、あった。地図上にぽっかり、空地のような地域が見つかったのだ。それがパリの北にあるガルジュ・レ・ゴネッスだった。この街の名を耳にすると、近隣のヴィリエ・ル・ベルやサルセルの団地で起きた若者たちの暴動を思い浮かべる人もいるだろう〔パリ郊外には、アラブ・イスラム系住民の集住地域があり、貧困や差別への憤懣《ふんまん》が、しばしば「暴動」の形で現われる〕。なまやさしい地域ではない。それなりの掟を知らなければ……結局、社会保険局が私の前にレッドカーペットを敷いてくれ、私はサルセル・ガルジュ・レ・ゴネッスで唯一のセクソローグとなった。

このとき父が愛したコーランの一節が意味を持った。サルセルにはヨーロッパ最大のアッシリア・カルデア様式のキリスト教の聖堂があり、クルド人、シリア人、イラク人たちがお祈りにやってくる。隣接するガルジュとあわせ、なんとも印象的な民族のパッチワークができていた。フランス人、ポーランド人、スリランカ人、アンティル諸島の人々、アフリカ人、ポルトガル人たちが共存し、ときにはそれが争いの種にもなるが、最良の果実をもたらしてもくれる。

その果実を私は日々、味わっている。

第4章　異邦人《エトランジェ》

父がフランスの地を踏んだのは一九七三年のことだった。世界中がジェームズ・ブラウンの『アイ・フィール・グッド』に熱狂し、ジョン・レノンの『イマジン』で夢想していた時代だ。カサブランカを離れ、パリを目指した父もロックに狂っていた。当時の写真——大学の裕福な仲間がカメラを持っていた——を見ると、六〇年代ロンドンのストリート・カルチャーそのものだ。裾広がりのベルボトムのジーンズに細身のシャツ、タートルネックのセーター、茶色の巻き毛が肩にかかり、口ひげをたくわえ、手には本を何冊か抱えている。そして、微笑み。消えることのない父の微笑み。まさにモロッコ版ビートルズだ。

当時、モロッコは暗黒の時代だった。「マクゼン体制」と呼ばれる恐怖支配によって、大学にまで諜報員があふれていた〔マクゼンはアラビア語で「店」。モロッコでは同族主義的で抑圧的な国家体制のあり様を指す〕。マルクス主義者やトロツキストの学生たちは尋問にあい、一斉検挙されては拷問《ごうもん》にかけられた。その一方で、王族の取り巻きや金持ちのドラ息子たちはあらゆる奨学金をせしめていた。特権とカーストの政治。フェズやラバトといった大都市のブルジョワにはすべての扉が惜しげもなく開かれるが、貧しい労働者の子どもたちはどれほど学校に通いたいと願っても、なんの経済支援も受けられなかった。

父はアトラス山脈にあるベルベル人の小さな村、アイット・イドリスに生まれ、八歳のときにカサブランカの労働者街ロッシュ・ノワールに移り住んだ。父の父、私にとっての祖父はそこのラファルジュ〔建設資材で知られたフランス企業〕で働いていた。

父は二十四歳になったとき、無一文で、人生初の悲劇を味わうことになる。お金のために学業をあきらめなければならなかったのだ。六〇年代のモロッコにはまだ文盲も多く、誰もがバカロレア〔高校卒業資格〕を取れるような時代ではなかった。父は額に汗して文学のバカロレアを手に入れると、カサブランカから一〇〇キロほど離れた海沿いの街、エル・ジャディダに暮らす姉（私の伯母）の家に引っ越した。電気代が高いので、夜になると伯母は電気を消してしまう。父はろうそくの燃えかすを集め、夜更けまで本を読んだ。アラビア語、フランス語、英語。父は本の虫だった。ところが大学では文学部に学生が殺到したため、父は仕方なく法学部に籍を置いた。それでも文学への情熱を失うことはなかった。モロッコの王はまんまと父を飢えさせたが、文学という人生の糧《かて》を奪うことはできなかった。

父の兄弟はすでに数年前にモロッコを離れ、フランスに出稼ぎに出ていた。みな首都圏の建築現場で働き、年に一度だけ夏になると妻や子に会いに帰って来る。父にも選択の余地はなかった。一家に定められた道を歩むしかない。

ソナコトラ〔移民労働者用住宅公団〕が建てた寮、ジュヌヴィリエ〔パリ郊外〕にできた北アフリカ移民のスラム、クリシーやバルベス界隈〔パリ十七、十八区〕のみすぼらしい木賃宿……移民労働者たちは檻に押し込まれた動物のように、わずか九平米の部屋に一五人もが折り重なるようにして寝た。シャワーもなければプライベートもない。「地獄とは他人たちのこと」。父が愛読していたサルトルの戯曲『出口なし』にあるこのセリフを、身をもって理解したのはまさにこのときだった。プライベートの空間や性生活を奪われて、平気でいられる人間がいるだろうか。それは人間性そのものの剝奪だった。建設現場の塗装工として働いていた父は、日中は油や溶剤づけになり、夜はぎゅうぎゅう詰めの部屋で仲間のいびき、匂い、騒音に耐えながら、なんとか自分の寝場所を確保しなければならなかった。移民労働者たちの頭にあるのはただ一つ。稼ぐこと。北アフリカの山奥で家族が待っている仕送りを、男たちは孤独と苦しみであがなっていた。

仲間うちには父の知的欲求を満たすような議論の相手は一人もいなかった。読み書きできるのは父だけだったので、逆に重宝《ちょうほう》がられもした。届いた郵便物を読んだり、行政手続きの書類を作ったり、付き添いまでしてやった。前任者は読み書きなどできないのにホラを吹き、間違いだらけの翻訳をしていたので、父が引き継ぐとすぐに化けの皮が剝《は》がれた。無知ゆえに知ったかぶりをし、あわよくばひとより優れていると思われたい類《たぐい》の人間だった。

伯父たちも似たようなもので、父の仕事始めでもこんなことがあった。現場はオート・ド・セーヌ県だったが、父は伯父から「カルブバに行け」とだけ指示された。フランス語らしからぬ響きが気になったが、父はあえて問い返すこともなく目を皿にしてパリとパリ郊外の地図を眺め、その町の名を探した。カルブバ、カルブバ……しかしどこにも見つからない。

「ないわけない、ナンテールの隣のカルブバだ！」

伯父はモロッコ訛りで語気を強めた。さんざん探した挙句、伯父が言いたかったのはクールブヴォワだとわかった。

「だから最初からそう言ってるじゃないか。ナンテールの隣のカルブバだって。まあお前もこれからパリに慣れるんだな」


父の荷物は小さな段ボール箱一つに収まった。そのわずか一握りの物に、父の人生が要約されている。何着かの服と、『異邦人』の古びた文庫本。それは今も両親が暮らすサルセルの家の本棚に記念品のように収まっている。父は片時もこの本を手離したことがない。感情というものがなく愚かしいまでに冷静な主人公ムルソーに、自分を重ねていたのだろうか。いや、父の性格はむしろ逆だった。社交的で、繊細で、感情表現が豊か。しかしムルソーと同じように、生きる指標がないと感じていた。故郷モロッコでも、ここフランスでも、異邦人である自分。アルベール・カミュが創作したムルソーという人物の「無関心」が父の頭を離れず、おそらく今もまだ問い続けているのだと思う。社会がこの無感情の人間を作ったのだろうか。それとも、倫理も価値もない非情な社会から自分を護《まも》るために、ムルソーは感情を失くしたのだろうか。

　父がこの小説に見ようとしていたのは、人生を讃えることだった。生きる意味を探し、自己を探求し、慣習や決まりきったことから自由になり、物事を絶えずより深く掘り下げ、他者との共存の道を探ることだった。

　パリでの新たな暮らしは厳しかったが、街角にはいつも希望があった。父は夜更けになると街に出て、日中は親しむ暇のなかったパリを何時間もかけて歩き回った。たしかにロンドンとは違う。でも、パリも捨てたものじゃない。カフェの店先からはお気に入りの曲が流れていた。ビートルズ、キャット・スティーブンス、ニーナ・シモン……ロックやジャズは自由そのもの。モロッコでは手に入らない自由だった。『レット・イット・ビー』『愛こそはすべて』『ヘルプ』。それから父のお気に入り、レア・バードの『シンパシー』。それは弟のヤシーヌと私にとって、子どもの頃の思い出の曲でもあった。ポンコツのプジョー１０４の後部座席で私たちはよく歌ったものだ。そんなときバックミラーには、幸せそうに目を潤ませる父がいた。

第5章　祖父は、助産婦

私が助産師になったのは、たまたまではない。業界の隠語で言う「前歴」が私にはある。母は結婚して二年目になる一九七四年、妊娠した。父はパリに出て日が浅く、仕事と家を見つけてから呼び寄せる心づもりで、母はまだカサブランカの実家で暮らしていた。ある朝、ベルベル人が昔から朝食に食べているフスワという大麦のスープを祖父が準備していたときのことだ。虫の知らせだったのか、妊娠六か月になる母に尋ねた。

「お腹の具合が悪いんじゃないか？」

「別に。どうして？」

「いや、いや、いや、このお腹はまずい」。祖父は一歩も引かなかった。

祖父の名はムバレクと言い、アラビア語で「祝福された者」を意味した。父親を知らず、女たちに育てられたせいか非常に鋭い女性的な直観に恵まれ、繊細な分析に長《た》けていた。人生のさまざまな困難や、フェミニストだった姉の影響も少なからずあったろう。

その朝の祖父のいつになく深刻な口ぶりが心配になり、母はその日のうちに医者に診てもらいに行った。そこで陣痛が始まったのだが、すでにお腹の子は死んでいた。母自身には何の兆候もなく、祖母もまったく気づかず、祖父だけが感じとっていた。その話を母から聞いたのは、私が助産師になる勉強を始めた頃だった。助産師学校の校長が精神分析を研究していたこともあって、学生自身の誕生のいきさつを省みることをカリキュラムに盛り込んでいたのだ。母は死産に終わったこの最初の妊娠にひどく混乱し、誰にも話していなかった。

「ナディア、わかる？　私にはなんの兆候もなかったのよ。母親も、周りにいた女たちも誰ひとり気づかなかった。父だけが私のお腹を見るなり直観したの」

こうして祖父ムバレクは底知れぬ優しさと大いなる誠実、そして驚くほど女性的な一面を持った人として、一族の女たちの心に深く刻まれることになった。時代が時代なら、祖父は傑出した助産婦になっていたはずだ。

第6章　世界で一番古い職業

今の時代に、いったい誰がモリソー博士を覚えているだろう。産科学の授業では今でも博士が考えだした赤ん坊の取りあげ方を教えているが、その名はすっかり忘れ去られている。彼はオテル・ディウ〔ノートルダム寺院に隣接する、パリ最古の病院〕の産科で最初に産科医となった人物で、ルイ十四世の王宮の侍医でもあった。そしてかの有名な「産婦人科的」分娩体位、つまり仰向けで足を開く姿勢で「手際よく出産させる」方法を考え出した医師だ。

ルイ十四世の愛人たちの出産に立ち会うなかで、彼はあるときひらめいたのだ。うずくまったり、「お産椅子」に座ったりしながら産もうとする若い妊婦の動きに合わせて医者が無理な体勢で立ち働くより、医者は椅子に腰を据え、目の前に妊婦が股を開いてくれれば胎児が産道を出てくるのもよく見えて仕事しやすいではないか。そうだ、寝台がいい。妊婦が寝台に仰向けになって足を大きく開けば産科医は苦労せず手際よく赤ん坊を取り上げることができる。

モリソー博士はこうして医者にとって最も作業しやすく快適な体勢を発明した。おかげでその後何世紀にもわたり、医者が女性の体を支配することになる。

助産という職業は、現場が重視されてきた数少ない専門職の一つだ。古代ギリシアで産婦人科医の草分けとなった伝説的な女性医師アグノディケ[★1]以来、妊婦や出産の世話をする仕事は女性の連帯から生まれたと考えられてきた。産婆には庶民の出も多く、人体や薬草、民間療法について豊かな経験知をもつことから中世には魔女とみなされ、魔女狩りの時代をなんとか生き延びた後もしばしば蔑《さげす》みの対象となってきた。フランス革命以前でも、医学や科学が発展し始めると、昔ながらの産婆のふるまいは風変わりに見え、不確かで役に立たない非科学的な技術とみなされるようになった。

★1 ギリシアの伝説を集めたヒュギーニス著「ファビュラーエ（神話集）」によれば、アグノディケはアテナイの上層階級の出身で、名医ヘロフィロスの講義を聴講するために男装し、優秀な成績を収めて産婦人科医となる。しかし彼女の成功に嫉妬した男性医師たちが、「アグノディケは医師の立場を利用して患者を誘惑している」と噂を流したため、彼女は最高裁判所にあたるアレオパゴス会議の判事の前で、女性であると告白しなければならなかった。最終的に無罪放免となり、女性医師の先駆けになったとされる。

こうしたなか、外科医たちがそれまで関心をもたなかった産科という分野に面白みを見出していく。モリソー博士もそのひとりだったが、気骨ある助産婦アンジェリック・デュ・クドゥレとぶつかり、覇権争いに敗れることになる。デュ・クドゥレは助産婦として初めてオテル・ディウで「出産法」を教えた女性で、確固とした教育学者であり、権威ある医師を前にしても一歩も引かなかった。そして一七五〇年、助産婦の地位がついに国によって正式に認められ、二年間の教育課程を修了すれば専門職として仕事ができるようになる。そもそも女性よりうまく助産できる者がいるだろうか。助産婦〔フランス語でSage《サージュ》-femme《ファム》。Sageの語源は知、femmeは女性〕という職業名からもそれははっきりしているように思う。

デュ・クドゥレが作った「機械」――等身大の綿入れ人形――は解剖学的にもよくできていて、中に実物大の新生児の人形が埋め込まれていた。デュ・クドゥレはこの人形を使って地方から出てきた娘たちを教育し、おかげで小児の死亡率も飛躍的に下がる。しかし分娩の体位についてはモリソー博士が勝利し、以後、仰向けに寝て産むのが当たり前になっていく。

モリソー博士の名著にはこんな御大層なタイトルがついている。『出産前後の女性たちがかかる病気。自然分娩による理想的な助産の方法と、新生児の奇形や不調の治療法』。

しかし博士は知っていただろうか。妊婦が受動的な姿勢で産もうとすると、胎児が骨盤から出るのが困難になることを。仰向けに寝ると尾骶骨がもち上がるため、骨盤から産道を下りなければならない胎児も、いったん「登」ってから下りなければならないことを。また、仰向けだと骨盤の開きも小さくなってしまうことを。そんなことはどうでもいい、医者にとって便利なら妊婦にとっても悪いはずがない。そう考えていたのだろう。フランスではいまだに大半の産科でこうした考えが幅を利かせていて、妊婦は仰向けに寝て出産させられている。習慣というものは変わりにくく、文句を言う者はめったにいない。

今では明らかになっているが、寝た姿勢で産もうとすると胎児は物理的に産道を下りにくく、それが難産の原因にもなっている。こうした考えに基づき、分娩の体位に変革をもたらしたのはベルナデット・ドゥ・ガスケ博士をはじめとする女性の医師たちだ。パイオニアであるガスケ博士は無理な分娩体位の改善に努めた。そして、俗に原始的と言われるような地域で行なわれている自然な分娩法にならい、より短く、母体にも胎児にもトラウマを残さない、より積極的な出産法として「ガスケ式」をあみ出した。分娩の間ずっとリラックスし、自由に呼吸し、骨盤や骨盤底筋をうまく動かせるようにする。当たり前と思っていた「産ませ方」から脱し、出産法を変革するこの壮大なプロジェクトに私たち助産師もますます関心を高めている。おかげで今ではしゃがんだり四つん這いになったり、胎児の頭が子宮口を押し広げるように動き出したら横向きに寝るなどして、より楽に産めるようになっている。

　診察台にせよ分娩台にせよ、フランスでは「産婦人科的な体位」へのこだわりが強い。膣の触診についても同じことが言える。なぜ、胎児の頭の位置や頸部《けいぶ》の開き具合を確認するためといって、出産の間、一時間おきに指を膣に入れて確認しなければならないのだろう。産婦人科の診察でも同様だ。子宮頸癌《しきゅうけいがん》検査の細胞採取、子宮内に装着する避妊インプラント、等々。さあどうぞ膣にさわり放題です、と言わんばかりで、フランスほど触診が普通に行なわれているところはないだろう。イギリスではよほどの場合でないかぎり、この種の触診は行なわない。子宮頸癌検査で細胞採取するときや膣鏡を挿入するときも、イギリスの産婦人科医は患者を横に寝かせ、シーツをかけて受け入れやすくするよう教育を受けている。フランスではまず考えられない。

検査をスムーズにする潤滑油の利用についても、検査結果を狂わせると断言してはばからない婦人科医がいる。もちろん改善はしているし、婦人科医の意識にも変化はあるが、あまりに遅々としている。医学知識を独占している医師の権威と影響力がいまだに支配的で、患者の声はなかなか聞き届けられない。

　医学部の学生がどのように膣の触診を学ぶかを見てみるといい。教授はこう教える。「中指と人差し指をくっつけたままぴんと伸ばし、親指は広げて、それからゆっくりと外陰部に入っていきなさい」。この動作を、女性の性器に向けられた武器のように感じるのは私だけだろうか。助産師になり、父権的な考えがこうした「婦人科的な体位」を強いてきたのだとわかると、フェミニストにならずにはいられない。男性の「助産婦」たちは、ソクラテスにならって自分たちを「助産夫」と呼ばせようとしたが、業界では定着しなかった。太古の昔から女性には自分で産む力が備わっていたし、女性同士で助け合ってもきた。それこそ世界で一番古い職業なのだから。

第7章　北アフリカのフェミニスト

曾祖母のムリエムは村いちばんの早起きだった。アトラス山脈の赤い山肌に暁《あかつき》の光が射すより早く、夜明けのアザーン〔礼拝への呼びかけ〕が響くより早く、鶏《にわとり》が時を告げるより早く、小柄なムリエムは水くみに出かけた。男たちがまだ深い眠りを貪《むさぼ》っている頃、モスクの扉を開け、土でできた炉に火を入れ、夜明けの礼拝のために湯を沸かすのは彼女の特権だった。礼拝の準備をするのはふつう男の仕事だが、ティヌアイナーヌ村ではムリエムにその権限が与えられていた。

　ムリエム――ベルベル語ではムリムだが――の性格は小柄な体格に反比例するようだった。靴のサイズも35〔22・5㎝〕のおちびさんだが、尊敬される術《すべ》を心得ていて、大の男にも舐《な》められることはなかった。ごくまれに不届きな輩《やから》もいたが、最後にはひどく後悔させられて終わった。毅然としていて、ぶれることがなく、これっぽっちも攻撃的なところはなかったが、間違ったことをすれば躊躇なく叱責した。ニカブ〔顔の半分を覆うベール〕はまだ村では流行《はや》っておらず、ムリエムは美しい黒髪を三つ編みにして、玉虫色に光るスカーフを結んでいた。モロッコ中でアラビア化や、ワッハブ派〔十八世紀にワッハブが創始。原理主義運動の先駆とされ、サウジアラビアでは国教〕によるイスラム化が進み、山奥の村も例外ではなかったが、ムリエムの地位は揺るがなかった。

　このムリエムから、私は不正への嫌悪という遺産を受け継いだ。ムスリムの伝統では、争いごとがあると法に則って男性の証人を二人立てる。証人が女性しかいない場合は四人と決められている。子育てや家事に追われ夢想ばかりしている女たちの話は信用できない、というわけだ。文字通り女性は半人前とみなされていた。ところがティヌアイナーヌ村では違った。ベルベルの文化では男女が一緒に畑に出て働き、男性がタジン〔伝統の土鍋料理〕を作る。女性も語るべき言葉を持ち、それを聞かせる術を心得ていた。そして村を支配していたのはムリエムだった。もめごとがあると、争い合う双方が彼女を頼ってやって来た。本を読むように魂を読むことができ、好むと好まざるとにかかわらず犯罪者には手心を加えない人物として知られていたからだ。彼女の裁定に文句を言う者はいなかった。

　ムリエムは、男が占める場所を男から与えられる前に、彼女自身で自分のものにしていた。日々、村の女たちを集めては慈善活動も行なっていた。フェミニズムという概念がなかった時代のフェミニストだ。ムリエムたちはベルベル語で「女性」を意味する「ティフキリーヌ」と自分たちを呼ばせ、アソシエーションのように会費を集め、女性たちに何かあったときの支援にあてた。ムリエムは寡黙だが聞く耳を持っていた。闘志にあふれ、楽天的で、あらゆることに立ち向かった。アソシエーションを主催するだけではなく会計も担当し、モスクでの礼拝を欠かさず——モロッコでは今もモスクでの礼拝は男性に限られている——、コーランを読む会を組織し、女性のための精神的な避難所を作り、出産を手助けし、死者の体を清めた……ムリエムにまつわるエピソードは数知れず、村人たちにも知れ渡っていたので、夫のほうが影が薄かった。ムリエムが何食わぬ顔で皮肉を言うタイプとすれば、夫はむしろ座を愉快にする人で、大きな祭があると、ベルベル流の道化師に扮して村の子どもたちを笑わせた。それだけでもたいしたものだが、それ以外はいつもムリエムの傍らにいた。

村の長老たちは今でも、日焼けして顔中しわだらけになったおちびさんをよく覚えている。華奢《きゃしゃ》な体で、暖房用の薪を探しては山の中を何キロも駆け回っていた。孫にあたる私の母は、そんなムリエムの帰りを首を長くして待っていた。遙《はる》か遠くに小さな姿が見えはじめたかと思うと、背負った薪の山に体がすっぽり隠れてしまう。家に帰ってきてその荷を降ろす降ろし方がまたおかしく、子どもたちは爆笑したものだ。まずベッドを背にして、ゆっくりと後ろに倒れる。まるで甲羅を下にしてひっくり返った亀のようだった。そこでホッとして微笑むと、アレが始まる。えいやっ、と飛び起きると、道すがら村人たちからもらった品々を子どもたちに配るのだ。そして夜になる前に薪を片付けにいった。

ごくまれにムリエムに敬意を示さない者もいたが、それは彼女を知らないからだった。不敬を働いたがために、逆にムリエムの評判を高めた男もいる。当時、すでに曾祖父は亡くなり、二人の子どもも家を出ていたので、ムリエムは一人で暮らしていた。ある晩、村を揺るがすような叫び声が響きわたり、何があったのかと外に出た者たちは、そこでさらに驚いた。ムリエムが家に侵入しようとした男を追いかけ、もう二度とそんなバカな真似はしないようにとバブーシュ〔モロッコの伝統的な履物〕で犯人の顔をはたいていたのだ。あんな華奢な体のどこに不逞《ふてい》の輩を捕まえて叩き出す力があるのか不思議だった。ともあれ、こうしてその男はムリエムの名声を高めるのに一役買った。ムリエムが尊敬される女性だったのは確かだが、今になってみると、彼女自身のなかに男性をかくまっていたのかもしれない。

村の女性たちは、読み書きはできなかったが知性に富んでいた。ムリエムも学校に通ったことは一度もないし、コーランを覚えたのも口伝えだった。無学にも良い面がある、と言いたいわけではない。ただ、聖典の解釈にふれる機会がなかったために、ムリエムは聖典の本質だけをつかみとっていた。

ムリエムがテレビを知ったのは一九七〇年代になってからだ。カサブランカに住む娘夫婦の家には当時まだ珍しかったテレビがあったが、木の箱に入ったブラウン管に映し出される白黒の映像がどんな風に作られているかなど、ムリエムには知る由《よし》もなかった。藁《わら》で編んだカーペットに胡坐《あぐら》をかいて画面に食い入るムリエムは、その度に騙《だま》された。西部劇が始まると、私の父はムリエムをからかってベルベル語で叫ぶのだ。

「早く、早く、伏せろ！　奴らが撃って来るぞ！」

ムリエムは飛び跳ねるように床に伏せ、頭を抱えた。

「ああ神様、お助けを！」

みんなはどっと笑い、父は種明かしをするが、ムリエムにはちんぷんかんぷんだった。一番おかしかったのは、ニュース番組の冒頭にキャスターが「こんばんは」と挨拶すると、きまって「こんばんは」と返すことだった。あそこに映っている人には、おばあちゃんの声は聞こえないよ、と何度説明しても無駄だった。

「それがどうしたっていうのさ。挨拶されたら、ちゃんと挨拶を返さなきゃ」

本当は本人もわかっていたと思う。それでも知らないふりをしてみんなを楽しませたかったのだろう。こうしてムリエムは死ぬまでテレビに向かって「こんばんは」と言い続けた。それが我が家の慣例になってしまい、私たちは毎回ムリエムを讃えてテレビのなかのキャスターに挨拶し続けている。

第8章　診療室1

「私はベッドで役立たずなんです」

マイッサは深紅の長椅子に座る。まるで絶望の淵にいるように、豊満な体は今にもくずおれそうだ。

私はいつも診療室に入ってくる患者たちを興味深く観察する。消え入りそうに寝椅子に横たわる患者もいれば、最初からリラックスしていて、おしゃべりしながら寝椅子に敷いた布をまるめて首にあてたりする患者もいる。色鮮やかなその布にはベルベルの伝統的な柄が描かれていて、ときとして患者たちに懐かしい思い出をよみがえらせ、話の糸口になることがある。患者によっては足を組んだりほどいたり、手のひらをこすり合わせたり。どこを見ていいかわからず目を泳がせる者もいる。「靴を脱いだほうがいいですか」と聞かれることもある。どうぞご自宅と同じように、と答える。

マイッサはまるでヨガの行者のように座った。右足を柔らかく左足に巻き付け、腿は二重螺旋《らせん》のように絡み合い、腕はだぶだぶのチョッキのなかで組まれている。花柄のスカーフを被ったこの三十代の若妻は、やっとの思いで初夜について語り始めた。

「もう二度とあんなことはイヤ……夫を愛しているし、満足させてあげたいとも思います。でも、ダメなんです。ベッドで女になれません。まるで鉄の扉のように閉じてしまって」

結婚して五年。ほとんど性関係はなかったが、二人ともそろそろ子どもが欲しいと考えていた。自分に問題があると思っていたマイッサは、一人でやってきた。では、夫はどうしているのだろう。穏やかで忍耐力があって善い人だという。「焦る必要はない」と言ってくれるらしい。でも、いったいいつまで？　そのうち妻の頑なさにうんざりするのではないだろうか。

挿入が受け入れられないという悩みを打ち明けるのに、彼女は神経質に指を絡み合わせた。まるで脅された子どものように、突然、声を震わせて口にした。

「いったい、どうすれば女になれるのでしょう」

私のところに来る前に別の婦人科で診てもらっていたが、医師の診断は予想通りだった。問題は肉体ではない。「精神的なものです」

「リラックスするために少しお酒でも飲んだらって、その医者は勧めるのですが……ムスリムだから無理だと答えました」

こんな風に重箱の隅をつつくような話にはまり込んでしまう患者がいる。しかし問題の大きさに見合う処方箋が必要だ。

婦人科医は彼女に語ったという。

「誰にも答えはわからないでしょう。この抑圧から解放されるとき、きっとわかりますよ、神の思し召しだと」

私は、マイッサに紙と鉛筆を渡す。

「そこに自分の性器を描いてみて」

彼女は恥じらい、いやいやながら鉛筆を持つと、ささっとTの字の形に子宮を描き、そこに膣を思わせる細い線を描き加えた。A4の紙にわずか一センチほどの線は、目を凝らさなければ見えない。彼女は言い訳するように言った。

「わかってます、普通はもっと大きいって。でも私の体はこうなんです」

では、夫の性器は？　長く、太く、重々しい。絵を受け取りながら気づいた。これはペニスというより、振り下ろされた剣のようではないか。

「とにかく、夫が挿入するには私のは小さすぎるんです。あんな巨大なものを入れようとしたら、引き裂かれてしまう」

多くの女性たちと同じように、彼女は自分自身の体のことも、夫の体のこともよく知らないまま、想像力を不条理なまでに膨らませていた。私は今後の治療のプロセスを説明する。まずは自分の性器と夫の性器を客観的によく知ること。それから彼女の膣を官能的なものにしていく。同意してくれれば、彼女が自分の体を知って好きになれるように手助けしていく。拡張器を使い、家でも練習できるように少しずつふれたり優しくなでたりしながら。

診療の終わりに次回の診療日を決めながら、何げなく質問する。

「仕事はなさっていますか？」
彼女の答えに唖然として、カルテに書き入れる。

職業：看護師

第９章　伝説のアイシャ

叔母のアイシャは、曾祖母ムリエムから行動力を受け継いでいた。五人兄弟の末っ子——ちなみに私の母は長女——で、小さい頃から自分の意見を通すのがうまかった。そもそも私は活動家としての彼女しか知らないし、「叔母のアイシャ」と言えば、アイシャの人生を描いた絵巻物のようにさまざまな物語が目に浮かぶ。モロッコではお茶の時間によく一家に伝わる出来事を話題にするが、我が家で伝説になるようなエピソードがあるとすれば、アイシャをおいて他になかった。

彼女が十五歳か十六歳の頃だ。ある日、遠縁の娘が夫から暴力を受けてひどく混乱し、他に行く当てもなく子連れで祖父母の家に転がり込んできたことがあった。夫から一日にわずか五ディナールだけ渡され、それで家計をやりくりしろと言われていた。それっぽっちでは、いくら八〇年代とはいえカサブランカでは何も買えない。それでも夫は聞く耳を持たず、家に入れるべきお金をタバコや近所のバールで使ってしまい、若い妻は自分で何とかするしかなかった。その日、なんとかツケにしてもらってガスボンベを一本買って帰ると、夫は真っ赤になって怒り手を挙げた。子どもたちは栄養不良でやせ細っている。自分の腕には見る間に青あざが浮きあがってくる……それを目にしたとたん、彼女は家を飛び出した。祖父母は実の娘のように彼女を受け入れ、夫のところに戻らないよう言い聞かせた。そして祖父は夫に話をしてみたが、怒り狂った夫はすぐに連れ戻しにやってきた。戻るくらいなら路上で物乞いをするほうがましだ、と彼女が言い返したとたん、夫はふんぞり返って叫んだ。

「家長の俺に逆らう気か！」

女の出る幕ではなかったので、祖母はおし黙ったまま目配せでなんとかその場をおさめようとした。そして祖父が口を挟もうとしたそのとき、座っていたアイシャが勢いよく立ち上がった。栗色の長い髪をじゃじゃ馬のようにポニーテールにまとめ、前髪を切り揃えた華奢な女の子だった。

「家長ですって？　なるほどね、これが家長？」

アイシャは腰に手を当て、相手を睨《にら》みつけながらまくし立てた。

「あんたが、家長？　家長なら家長らしく、妻や子どもをしっかり養ったらどうなの！　あんたが渡すお金じゃ、三人の子どもを食べさせるどころか、ボンボンだって買えやしない。冗談じゃないわ、あんたは家長なんかじゃない！　負け犬、ただの哀れな負け犬よ！」

祖父はもとより、誰もアイシャを止められなかった。夫は石のように固まってしまい、お転婆娘に説教されるがままで、祖母は気まずい思いでそれを見ていた。ようやくアイシャが話し終えると、その場はしーんと静まり返った。それからおもむろに祖母が口を開いた。

「アイシャ、お黙り！　恥ずかしくないのかい！」

するとアイシャは返した。

「メンスクッチ！　黙らないわ！」

「これは大人の問題。お前には関係ないんだから、口出しをするんじゃないの」

そこで初めて祖父が夫に向かって言った。

「アイシャの言葉につけ加えることは何もない。十五歳の娘が二倍も年上の男に、わしが言いたかった通りのことを説教してくれた。お前のちっぽけな脳ミソがそれで何も感じないなら、もう打つ手はない」

辱《はずかし》められた夫はもごもごと弁解を口にしたが、すぐに妻に向かって権威を振りかざした。

「さあ、立て、家に帰るんだ！」

アイシャは引き下がらなかった。

「あんたと帰るなんて冗談じゃないわ。今夜はここに泊まるんだから。子どもたちもね」

もう何日も言い争いを続けてきたかのように、祖父も同意した。

「娘の言うとおりだ。お前の妻は今夜ここに泊まる。必要なだけ泊まらせる」

この夜、夫は一人ですごすごと帰った。アイシャと祖父は家を取り仕切るということがどういうことか、夫がわかるまでしばらく放っておいた。料理、洗濯、掃除、買い物、それからまた洗濯、店に払う金がないという経験……夫もようやく家事すべてが妻一人の肩にかかっていたことを理解した。妻は毎日、何の見返りもなしに汚らしいワンルームの住まいを居心地の良い家に変える奇跡を起こしていたのだ。アイシャはこうして私たち一族の輝かしい伝説の一部となった。

　アイシャは一九六六年、カサブランカに生まれた。早くからフェミニズムに目覚め、ゆるぎない活動家となったが、末っ子という立場や祖父譲りの開放的な精神だけでそうなったわけではないだろう。あれほど強い信念を持つに至ったのは、小さい頃から不公正というものを目にしてきたからだ。

　祖父母が五人の子どもたちと暮らしていたロッシュ・ノワールの近くに、雨や天気を思うように操れると評判の娘がいた。美しく社交的で微笑みの絶えない娘だったが、もてはやされるうちに街のちょっとした顔役たちとつき合うようになった。当時六〜七歳だったアイシャも子ども心に感じていた。太陽みたいに輝いていた女性が、あんなに簡単に別の世界に行ってしまうなんて、と。そしてある日を境に娘は姿を消した。美しい花はどこにいってしまったのか。どうやら、かなり年上で評判の良くない男に熱を上げ、駆け落ちをしたらしい。街のマスコットは突然、スキャンダルのヒロインになった。一族の男たちが知り合いの家を訪ねまわり、スラム街まで虱《しらみ》つぶしに捜索した結果、娘は問題の男と一緒にいるところを発見された。その娘が帰ってくるのを一目見ようと、広場には野次馬の人だかりができたが、そのなかに威厳にみちた男が一人いた。アイシャはそれが娘の父親だったのか兄だったのか、あるいは知人だったのか覚えていないが、娘はその男に腕を捕まれると罵声のなかを家まで引っ張られていった。女たちは陰口をたたき、わめき、ヒステリーになる者さえいた。男たちは恥を知れと声を荒げ、娘が歩く道に唾《つば》を吐いた。それは一九七〇年代のことだったが、まるで中世の異端審問のようだった。

アイシャはずっと考え続けてきた。どうして自分はユユ〔祭事などで女たちが舌を転がすようにあげる独特のルー、ルー、ルーという叫び〕にも結婚にもこんなに嫌悪感があるのだろう。どうしてアラブの伝統的な歌がこれほど耐えがたいのだろう。そういう歌のなかでは若い娘が、父から夫になる男への贈り物のように描かれていた。考えるうち、子どもの頃のこの事件を思い出したのだ。若い娘への過酷な糾弾。アイシャは二度とそんな侮辱が女性になされるのを放っておくことはなかった。

アイシャは大学に入るとすぐに「極左」になり、女性の権利のために闘った。専攻は経済・社会科学だったが、机上の学問に飽き足らず、現実を変えることに時間を割いた。ところが情熱はすぐに失望にとってかわられた。所属したフェミニスト・グループのメンバーがブルジョワ的で、もったいぶっているだけで行動が生ぬるいからだった。講演会やエリート的な討論会、高級ホテルでの立食パーティーに満足しているような運動が、いったい何の役に立っているのか……結局、彼女たちは左派政党でそれなりのポストや責任ある立場を手に入れるために活動している体制順応派に過ぎなかった。それが八〇年代のカサブランカ大学におけるフェミニストの現実だった。アイシャはじっくり考えた。「煙にまくようなイデオロギー以外に、具体的に何をしているだろう。路上で飢えている女性たちに、いったい何ができているのだろう」。大したことは何もできていなかった。

アイシャは若く、家族にかわいがられ、父親に愛されていた。何事も為せば成る、と確信していた。だから女性問題も、法的な課題だけではなく、女性たちが社会に疎《うと》いからだと考えていた。社会のなかに自分たちの場所が欲しいなら、自分たちでつかめばいい。そう思っていたのだ。ずいぶん後になって、モロッコでは必ずしもみんなが自分と同じように進歩的な父親に育てられたわけではないことを知った。むしろ大半の娘たちにとって、「欲する」と「できる」の溝はかぎりなく深いものだった。

やがてアイシャはモハメッドと出会う。歯学部の学生で、彼女と同じようにモロッコ社会党の活動家だった。二人はよく一緒に反王政を掲げるグループに参加した。当時、彼女がパリの私たちに会いに来るときは、税関でのトラブルを避けるため、本はすべて新聞紙にくるんでいた。なにしろ「マクゼン」向きとは言いがたい本ばかりだったから。そんな時代だった。

モハメッドが歯科口腔外科医の資格を取ると二人は結婚し、アトラス山中のウアルザザートに最初の診療所を開いた。ここでアイシャは山村の女性たちの現実を初めて知り、天職を見出した。女たちは自らを語る言葉を持っていなかった。家事と料理と献身に明け暮れ、朝は一番に起き、夜は最後に床に就く。一人で外出することもカフェに入ることも女性には許されていなかった。カサブランカ出身のアイシャには、とんでもないカルチャーショックだった。カサブランカではカフェのテラスで、どうやって世界を変えるかといった話に花を咲かせていたのだから。

ウアルザザートでも活動家グループに加わったが、女性メンバーは彼女ひとりきりで、女であることがグループの妨げになるとすぐに気づかされた。彼女がいるために、これまでのようにカフェに集まるわけにいかず、誰かの家で会合することになる。アイシャがいるだけで、グループはまるで地下組織のようになってしまった。そうはいっても、周りの女性たちに比べれば、アイシャは天と地ほどに恵まれていた。周囲には貧困が蔓延し、女性たちは売春をさせられたり夫に殴られたりしていたが、それが当たり前だと思われていた。

そこで、アイシャはできたばかりのモロッコ人権擁護連盟のウアルザザート支部を立ち上げることにした。家を空けることが多くなり、時には何週間も田舎の村々を訪ね回った。女性たちの暮らしぶりを調べ、必要な物は何か、出産や病気ではどんな問題があるのか。また、性の問題についても尋ね歩いた。少しずつアイシャは組織化を進め、自分なりのメソッドを打ち立てた。村の人々と同じ目線に立ち、寝食も共にした。曾祖母ムリエムが暮らしていたティヌアイナーヌ村ではアルガンの木から油をとる共同作業所を作った。村に着くなり、アイシャは女性たちにこう聞いた。

「ここには何があるの？」

女たちは嘆くように、ベルベル語で一斉に答えた。

「何もないわ！」「土の壁」「砂」「暑さ」

「そう、何にもないと言うのね。じゃあ後ろを振り向いてごらんなさい！　アルガンの木よ。あれは黄金の木じゃないの？　あの木から油を搾《しぼ》るだけで充分でしょ。さあ、働くわよ」

アイシャは今アガディールに住んでいる。ここには都市の悲惨がある。夫からエイズをうつされたあげくに追い出された女性、国が撲滅すると言っている売春、夫の暴力を受けて時には生きたまま焼かれることさえある女性たち。彼女たちに向き合い、アイシャは「女たちの声」

というアソシエーションを設立し、受け入れ施設も作った。夫も応援してくれ、今やモロッコで最も闘志あふれるフェミニズムの広報官の一人となっている。モロッコの家族法改正にも大きく貢献した〔二〇〇四年、それまでのイスラム法に則った家族法から、男女平等原則へと大きく舵を切り、一夫一妻制、夫婦同等の財産権、夫婦同等に離婚を要求できる権利などが認められるようになった〕。ウアルザザートからコペンハーゲンへ、各地を駆けめぐって講演を行ない、シンポジウムに参加し、辱めを受けている女性たちの声を世界に届けている。並行して、女性たちの自立をめざす教育センターも運営している。現場のスタッフたちは、嘲《あざけ》られ従属させられてきた女性たちに自信を与え、社会で力を発揮できる人材へと育てている。

モロッコ南部ではいくつもの共同作業所がアイシャの発案で生まれた。ベルベル伝統の絨毯《じゅうたん》、はちみつ、サボテンのミルク、アルガンから作る自然化粧品、等々。こうした物作りを通して村は変わり、女性たちも自立を勝ち取りつつある。彼女たちはモロッコのエコロジー問題の最前線にも立っている。これがアイシャの闘いだ。モロッコの女性たちを、エコロジーの闘いを通じて解放していくこと。それはコーランが女性たちに与えた社会的地位を取り戻すことでもある。

第10章　アダムとイヴ

誘惑に負けて禁断の果実を口にし、アダムにも食べるようそそのかしたとされているイヴ。ユダヤ・キリスト教の伝統では、気の毒にもイヴひとりが原罪の張本人のようにみなされている。ところがコーランでは、責任は二人に同じようにある。聖書に記された物語と異なり、イスラムの聖典ではイヴひとりに原罪の咎《とが》を負わせてはいないのだ。

たしかに知恵の樹の実を食べた罪でアダムとイヴが楽園を追われる物語は三大一神教に共通していて、神と共存していた楽園から切り離された二人は自分たちの肉体を初めて意識する。ただしイスラムの聖典を信じるならば——この点に関しては非常に明快なのだが——原則的にはアダムの肉体がイヴの肉体より魅惑的ということはない。ではなぜ、女性のほうが誘惑に負けやすいとされるのだろう。なぜ、イスラムの法学者たちはコーランの明確な記述よりも、ユダヤ・キリスト教の聖書を採用したがるのだろう。アダムとイヴに関しては、他にも見逃せない相違がある。聖書によればイヴは奇妙なことにアダムの骨から作られるが、コーランの伝承ではまったく異なり、アダムとイヴはナフサ・ワヒダを持っている。「唯一の魂」とも、共通の本質とも訳せる語で、これが男女を平等に位置づけている。ところが今日まで、世界は女性を付属物や添え物、夫の陰のように扱ってきた。もともとは平等で、本質を同じくしているのに、イスラムの法学者たちはどうして女性を蔑みの対象や従属的な存在だと思わせるに至ったのか。女性として、ムスリムとして、なによりセクソローグとして、私はそこに関心がある。

第11章　診療室2

若々しい恋人たちを見送りながら、微笑ましい気持ちになる。こうした素晴らしい瞬間を永遠にとどめておくために、手元にカメラを置いておけばよかったと思う。セクソローグとしてはどんな患者もジャッジしないよう心がけているが、印象的な出会いというものはある。あの二人がとりわけ深く心に残ったのは、両親と同じ世代だったからだろうか。ヤミナは五十八歳、ムッシーヌは六十二歳。結婚して三十五年になり、四人の子どもを立派に育てあげていた。私は、こみ上げる感情をおさえられなかった。

二人は見るからによそいきの恰好をしていた。ヤミナは真珠色のパンタロンに品のよいベージュのチュニック、それに合わせるようにシルクのスカーフをインド風にゆったりと頭に被っていた。ムッシーヌのほうはコーデュロイのパンツに、オレンジ色のチェックのシャツ。ひと目で、お互いを尊敬し讃えあっているのがわかった。相手が話しているときは決して遮らず、上手く話を補い、完璧なまでに息があっていた。二人が長椅子に座るとそこに紙一枚も挟めないくらい、体が一つに溶け合っているかのように感じられた。そして肩を寄せ合い、ささやくような調子で、自分たちの人生について語りはじめた。

　ムッシーナはそれとなく妻から話し始めるよう気づかった。

「ご覧の通り、私たちは三十五年連れ添ってきて、とても幸せです。二人とも二十歳そこそこで結婚し、性体験もありませんでしたから、一緒に性の世界を発見したのです。自然の流れに身を任せ、これといったガイドもなしに」

　子どもが生まれ、成長し、夫婦の関心はセクシュアリテより子どもたちに向けられていった。ところが数週間前、たまたま私の講演を聞いたという。性と精神世界を結びつけた話が二人には新鮮だったらしい。

「私たちの質問はいたって単純です。あなたが話されたように、セクシュアリテを通して超越的なものを求め、精神性を高めるのに、私たちは遅すぎないかということなのです」

　最初に何を口にするかがが肝心だ。まず、彼らの行動を称えること。六十代の夫婦が、セクシュアリテについて真剣に考え直そうと私の診療室を訪ねてくれたことがうれしかった。

　彼らは理想的な患者だった。というのも、自分の体も相手の体もよく知っていて、楽しめるくらいの余裕があった。そこで最初から「センセート・フォーカス」を勧めた。アメリカのウイリアム・マスターズとヴァージニア・ジョンソンが開発したリラクゼーション手法だ〔ウイリアム・マスターズは婦人科医として研鑽を積んだ後、ワシントン大学を拠点に、アシスタントのヴァージニア・ジョンソンとともに性科学における診断と治療の研究に励む。その後、独立した研究所を設立し、性科学の発展に貢献した〕。二人は手を握りあい、目を見開いて注意深く聞いていた。大半のカップルは、相手のセクシュアリテを自分のセクシュアリテの延長のように感じているが、それは間違っている。むしろ逆で、二人のセクシュアリテの違いこそがオルガスムと超越へ導いてくれるのだ。だからお互いを知りあい、何が悦びとなるかを知り、性欲を呼び覚ましあうことが重要になる。

そこで「センセート1」ではまずお互いを発見しあう。二人はゆっくりとシャワーを浴び、リラックスした雰囲気のなかでお互いに裸になってマッサージをしあう。下腹部から始めて背中へ。さらに足のつま先から髪の毛穴まで、ゆっくりと身体の隅々を探検するように、息を吹きかけ、優しく触れ、次第に濃密な愛撫へと高めていく。ただし、性器やお尻、乳房は慎重に避けること。ここまでを充分に味わったら、少しずつ「センセート2」へ移る。「センセート1」のプロセスを繰り返しながら、今度は性器、お尻、乳房にもふれる。そして、最終段階の「センセート3」では、前段階の1と2を再び繰り返しながら最後に挿入まで行なう。

ここまで説明すると、不安を口にするカップルもいる。事細かな決まりごとに煩《わずら》わされ、感じるままに身を任せることができなくなってしまうのではないだろうか、と。しかし信じて試みることが大切だ。女性は思ってもみなかった性感帯を発見し、男性はこれまでにない広がりをもった新たなオルガスムを経験する。あれほどの秘宝が自分たちの体に眠っていたのを知らずに何年も過ごしてきたなんて、と嬉しい驚きをもって再訪する患者も少なくない。

ヤミナは私が説明している間ずっとコメントしていた。おしゃべり好きらしい。そこで、センセートを行なう間はいっさい言葉を発してはならないと注意しておいた。わずかなささやきもダメ。口を閉じて、沈黙のなかで行なうこと。

ヤスミナはにこやかに笑い、この「贅沢な前戯」を体験したくてうずうずすると言った。

診療を終える前に、二人にお互いの好きなところを言ってもらった。

明らかにそれまでの話に影響され、夫が先に口を開いた。

「彼女の微笑み、彼女の喜びが愛おしいです。彼女は私の一日を照らす太陽、私の存在理由そのものです」

ヤスミナは驚きを隠せなかった。

「初めて聞いたわ！　なんて素敵……」

「いつも言ってるじゃないか」

「いいえ、いつもは『塩をとって』とでも言うようにぞんざいな調子で。こんな風に言ってもらいたかったのよ」

第12章　イスラムで忘れられた女性たち

今、イスラムの名において女性が貶《おとし》められている。過小評価され、抑圧され、服従させられている。ところが神のメッセージは最初の啓示からきわめて明快で、精神的な自由と社会的な解放を結びつけよと説き、この点でなんら男女を区別していないはずなのに。本当のところ、イスラムの聖典は女性の抑圧を認めているのだろうか。それともむしろ、女性蔑視の視点で解釈されてきたために、女性が子ども扱いされるようになったのだろうか。答えは明らかだ。不幸にも何世紀にもわたって男性の視点だけで読み解かれ、父権的な解釈が優先されてきたのだ。

優れた女性たちの知的貢献がなかったら、イスラムの歴史からいったい何を学べるだろう。現にハディース〔預言者ムハンマドの言行録〕、フィクフ、[*1]判例集、聖典解釈、詩歌などに関する女性研究者たちの功績をまとめた歴史書が存在する。アル・ハヒィド・イブン・ハジャール〔一三七二～一四四九年。エジプトの神学者〕は、法学者や文学者など一五四三人もの女性知識人の生涯を選集に綴っている。イブン・サアード〔七八四～八四五年。イラクの歴史家〕も同じように、代表作『アル・タバカ・アル・コブラ』の一節を丸ごと女性の研究者に捧げている。そこに紹介された女性たちが、アンダルシアで頂点を極めるイスラム神学の興隆に貢献したことは疑う余地がない〔イスラム勢力は八世紀にほぼスペイン全土を支配。一〇一三年に滅亡するまで、アンダルシア地方のコルドバがその首都となり、西方イスラム文化の中心として栄えた〕。ところが彼女たちの仕事は今ではすっかり忘れ去られている。なぜ、男性に劣らず貢献したのに、女性の仕事にはスポットが当てられないのだろう。なぜ男性の、それも厳格派の法解釈しか認められてこなかったのだろう。

☪1 そもそもは「シャリアの理解」の意。宗教、政治から私生活まで、人々の生活のすべてを統合する実定法を指す。

預言者ムハンマドの時代からずっと、女性たちは知的な欲求を表明してきた。ムハンマドの妻アイシャは、ハディースに夫の言葉をたくさん伝え残しただけでなく、その解釈者として当時最も信頼される一人だった。「フィクフ、医学、詩の分野で、アイシャほどの教養人を私は知らない」と、メディナの神学者ウルワ・イブン・アズ＝ズベイール〔七一三年没〕も認めている。イスラム歴の三世紀〔西暦八五九年〕にイスラム圏で初の大学、カラウィン・モスクをフェズに創設したファティマ・アル・フィフリヤ・ウム・アル・バニンも高名な女性の学者だった。また、イスラムで最も有名な聖女、ラービア・アル＝アダウィー〔七一七頃〜八〇一年〕はスーフィズム〔イスラム神秘主義〕を信奉し、その詩は信者によって絶えることなく受け継がれ、今もなお貴重な教えとされている。イランの神秘派詩人、ファリッド・アル＝ディン・アッタール〔一一四五頃〜一二二一年頃〕は著書『鳥の言葉』のなかで、この聖女について「凡庸な女性ではない。男性が百人かかってもかなわない」と書いている。彼女はこのように同時代の最も偉大な精神の指導者たちだけでなく、アル＝ガザリ〔一〇五八～一一一一年。ペルシアのスーフィー派神学者〕、シャイック・アラウィ〔一八六九～一九三四年。アルジェリアのスーフィー派神学者〕、イブン・アラビ〔一一六五～一二四〇年。スペインのスーフィー派思想家〕、ジャラル・アル＝ディン・ルミ〔一二〇七～一二七三年。ペルシアのスーフィー派神学者〕といった後世の偉人たちにも高く評価されている。

　こうした例をあげればきりがない。ところが現在のイスラム世界の現実はどうだろう。女性は後方に押しやられ、目立ってはならず、見えない存在にされている。聖典の解釈が硬直化して愚かな慣習が幅を利かせるようになり、女性が社会の周縁に追いやられ、アラブ・イスラム社会そのものまでが堕落させられている。しかし精神性に関して、イスラムのメッセージでは男女をまったく区別していない。女性たちは自分の場所を取り戻すのに、父親や夫、兄に許可を求める必要などまったくないのだ。そもそも十四世紀も前に預言者自身が女性たちに認めていた場所なのだから。

　どうしてイスラムはこれほど劣化してしまったのだろう。その経緯を理解するために、イスラムが生まれた時代を振り返ってみよう。途方もなく退廃した社会に、イスラムは啓示という形でもたらされた精神的な教えであった。七世紀のアラビア半島では、かりに一家に娘しか生まれず、財産を維持することができないとき、その娘たちは砂漠に生きたまま埋められた。一夫多妻にも制限がなく、男は望むだけ妻をめとれた。その妻たちにはもちろん財産権はなく、物のように扱われた。女は性器に過ぎず、養うべき口でしかなく、良くて戦利品か財産目録の一部だった。そのような現実は受け入れがたい、とコーランは説いた。よく言われるように、イスラムは一夫多妻を許しているのだろうか。コーラン第四章三節はむしろ逆で、妻帯できる女性の数を四人にまで制限したのだ。

「子どもや妻たちの間に不公正が生じないように、妻は二人か三人、せいぜい四人までにとどめよ。さらに、妻たちを平等に扱えないようなら一人だけにするか、奴隷から一人を選べ。そうすればより正しく家族を扶養できる」

コーランは明確に一夫一妻が理想だとしている。とはいえ慣習は一朝一夕には変わらない。だから妻の数を一挙に一人にせよとは言っていないのだ、と私は解釈する。残念ながらサウジアラビア、イエメン、カタールでは三節の冒頭だけ取り出し、文末の言葉を忘れさせようとしている。男は妻を四人まで持って支配できると、なんとか正当化したいのだ。

もう少し先、第四章三四節に、コーランのなかで最も議論の余地のあるテクストがある。フランス語では一般に以下のように訳されてきた。

「男は女に権力をふるう。なぜならアッラーがそのようにはからったからであり、また、一家のために金を使うのは男だからである。貞節な女は〔夫に〕服従し、夫の留守の間はアッラーの加護の下に、保護されるべきものを保護する。もし女がお前に従わないなら、説き伏せ、ベッドから遠ざけ、打て。ひとたび従順になったなら、それ以上してはならない。アッラーは誠に気高く偉大なり！」

このような翻訳は聖典への冒瀆だ。コーランの翻訳をするとき、訳語はどれも慎重に選ばれているはずだ。アラビア語の「キワマ」は男女の共同責任を語る概念であって、女性に対する男性の優越などは意味しない。それに、この三四節は権力について語っているわけでもない。ただ――当時の文脈に照らして――、責任と保護について語っているにすぎないのだ。二〇一七年の現在では、その種の責任が入り込む余地はない。妻も夫と同じように働き、経済的にも自立し、所有も投資も行なえるのだから。私たちが生きているのは七世紀ではない。たしかに当時はあらゆる文明で男性が家長だった。そしてそんな時代でさえ例外的な女性はいた。例えばムハンマドの妻の一人であるハディージャはメッカ屈指の有力者の娘で、大きな隊商を営むビジネスウーマンだった。布やスパイス、貴重な食糧をアジアまで輸出する貿易商だ。忘れられがちだが、夫であるムハンマドもこの妻に雇われる従業員の一人だったのだ！

かりにコーランがこの三四節で女性に対する男性の責任を強調しているとすれば、当時は女性が物とみなされていたためだ。フランス語で「服従」と訳さるアラビア語「タッア」も、聖なるものへの服従であって、人間への服従には用いない。ここで問題にされているのは精神世界の服従であるのに、法学者たちが不当にも「キワマ」に結びつけてしまったのだ。こうして女性に対する男性の権力が正当化され、女性には男性に服従する義務があるとみなされてしまった。

誤訳によって聖典が台なしにされてきたことに、今こそムスリムは目を開かなければならない。モスクで行なわれる講話にはムハンマドの弟子がよく登場するが、アリ、アブ・バクル、オマールなど男性ばかりで、ムハンマドの「女性のパートナーたち」☪[1]はめったに話題にのぼらない。しかしムスリムの最初の都市ができたとき、女性は一人前の市民であり、政治に不可欠の存在でさえあった。モスクでも男女は共に祈りを捧げていた。今は男女別どころか、パリのグラン・モスク〔第一次世界大戦でフランスのために戦い犠牲となった一〇万人とも言われるアフリカ兵を称え、フランスの国費で建設されたモスク〕では女性たちの礼拝場はなんと地下に作られている。コーランの解釈者たちは、礼拝の場はイスラム創設の時代から男女別だったかのように私たちを信じこませてきた。しかし聖典にはなんら明確には書かれていない。ここにもまた歪曲がある。

☪[1] アラビア語でサハビヤット。友人、学友を意味する造語。預言者ムハンマドの時代、メッカやメディナでは何千人もの女性たちがムハンマドを支援し、イスラムの教えとともに積極的にアラブ社会の変革に参加した。その女性たちを指す。

第13章　「女はおもちゃ、良いものを選べ」

アラブ・イスラム圏で女性の地位とイメージを貶めることになった三つの出来事がある。

一つは預言者ムハンマドの死後に続く政治闘争だ。四人のカリフ〔後継者〕が治めたこの時代を理想化しないほうがいい。現実には戦争と権力闘争に明け暮れ、苦しみしかない時代だったのだから。

ところで、戦争状態にあるときに最も効率のよい戦略は、敵をできるだけ遠ざけておくことだろう。女性もある意味では敵だった。なにかと面倒な女たちを議論から排除すれば、それだけでも物事はずいぶんスムーズにはこぶ……こうしてハディースの目的は、もっぱら女性を公共空間から締め出すことへと向かった。「女は家にいるほうがいい」「女はモスクではなく家でお祈りすれば二五倍も価値があがる」等々。

こうした変化を第二の出来事が補強する。八～九世紀にかけてのイスラム勢力の拡大、征服だ。ペルシア〔現在のイラン〕にまで勢力が及ぶと、イスラムの法学者たちはチャドル[C-1]やハーレムを発見し、それを人数に制限のない一夫多妻制に結びつけて解釈し、現実に適用してはばからなかった。

☪1 イランの女性が身に着ける、全身を覆う黒衣。

まさにこの政治闘争と動乱の時代に、第三の出来事となるハディースの「鋳造」が行なわれた。この時代に「鋳造」されたムハンマドの言葉とその伝承には大いに疑問がある。学者たちが集まり、コーラン本来の平等の原理からかけ離れた再解釈や編纂が行なわれたことで、ハディースは社会や社会の進歩からあからさまに女性を遠ざけるものに変質してしまった。宗教を利用して、宗教の信頼を失墜させたようなものだ。

「娘の死をもって名誉を回復する」「女は私生活に生きるもの。外に出たら悪魔に目をつけられる」「女は大仰な挨拶をすべきでも、されるべきでもない」「二つの祝祭を除いては、女は必要な時以外に外出してはならない。また、路上では端を歩かなければならない」。女性をこきおろすような言葉もある。「女は子宮で考える」「女は玩具《おもちゃ》だから、良いものを選べ」「女は玩具でしかない。持ち主がしっかり世話をせよ」等々。男性にはなんと魅力的に響く言葉だろう！

私が信仰の道に入ったばかりの頃、イマム〔宗教指導者〕のこんな講釈を耳にしたことがある。

「男が女に与えうる最良の教育とは、朝の目覚めにビンタを一発、昼にも一発、そして夜にも一発お見舞いすることだ」

幸いにも私はそんな風に育てられてこなかったし、宗教指導者が寄付を得ようとして語る講話を真に受けないだけの知性もあった。さもなければ、この説教を聞いたとたんにイスラムを捨てていたはずだ。別のイマムからこう声をかけられたこともある。

「女には読み書きを教えるな。高層アパートに住まわせるな」

つまり知的にも社会的にも女性を解放するな、ということ。たしかにイスラム諸国のなかにはこうした現実があり、女性の識字率は低い。


残念ながらこうした出来事によって、ある種の文献が神聖化された。例えば、ペルシアの高名な学者、ムハンマド・アル＝ブカリ〔八一〇〜八七〇年〕が作成したハディースの膨大な目録だ。たしかに偉大な業績で、今やその目録はコーランそのものより参照すべき文献のようにみなされている。しかしいくら博学とはいえ、一人の人間の仕事である以上、間違いもあれば不正確なところもあるはずだ。当時は性科学も心理学も社会学もなかったのだから、それだけを考えても彼の解釈を見直す余地はある。時代は変わり、人文科学も発展した。その進展に合わせて聖典も再解釈すべきではないだろうか。それこそまさにモロッコのフェミニスト、アスマ・ラムラベが勇気をもって告発してきたことだ。彼女は生物学を学んだ医師であり、ＧＩＥＲＦＴ〔イスラムにおける女性の地位を考える国際的な研究・思想グループ〕のリーダーであり、イスラム改革派としてムスリム女性の解放のために聖典を非政治的に解釈し直すことを提案している。


民主主義にいろいろな形があるように、フェミニズムにも多様な形があると彼女は考える。あるインタビューのなかで、[C1]「第三の道としてのムスリムのフェミニズム」をこう語っている。

一方に、他者を受けつけない西洋的な言説――宗教は女性を抑圧するものであり、女性の解放の妨げとみなす――があり、もう一方にはイスラムの言説――厳格で本質主義的で、普遍的権利はイスラムにそぐわないとみなす——がある。第三の道は、ムスリムの規範を時代に合わせて読み直しながら、それを普遍的人権に結びつけるものである、と。私も同感だ。フェミニストであってムスリムであることは決して矛盾しない。上等で正当なフェミニズムと、下等で非合法のフェミニズムがあるわけではない。フェミニズムは地域によって都合よく変わるようなものでもない。私が女性の権利を擁護するときは、宗教や服装、性的指向などには一切関係なく、あらゆる女性のために権利を擁護する。今、フェミニストを名乗る女性たちから受けるバッシングほど悲しいものはない。彼女たちは敵を間違えている。私もアスマ・ラムラベも、聖典のテクストを通して自分の考えを築きあげてきた。アスマ・ラムラベはその著作のなかでユダヤ教とキリスト教における女性像に関心を寄せながら、コーランの原理主義的な解釈を変革しようと努めてきた。そして結論を導き出した。問題はテクストそのものではなく、その解釈にあると。

*1 インタビュアーのサラー・ズアックはLallab《ララブ》〔ネット・メディアで発信を行なうフェミニストのアソシエーション〕や「ムスリム諸国の女性の感覚ツアー」〔宗教が女性解放の障壁と考えられがちなイスラム諸国で、両立を目指して活動するフェミニスト集団〕の創設者のひとり。

モロッコは今、イマムを教育する壮大な事業に取り組みはじめたところで、五〇人ほどのムルシダート〔女性のイマム〕が指名され、モスクで「宗教教育の指導」に当たっている。もちろん何もしないよりはいい。しかし誰もが知っている。彼女たちはもう何年も前からモスクで活動しているが、真の改革からはほど遠く、これまで通りの父権的なメッセージを伝えていることが多い。

女性たちが神学者の中なかで正当に評価されるのはいつのことだろう。いつか、女性がモスクの長となる日がくるだろうか。私にとっては、それこそ問うべき唯一の問いだ。

第14章　12平米のアパルトマンに4人で暮らす

一階の突き当りにある湿っぽい二部屋のアパルトマン。わずか十二平米の広さに、ガス台を置いた台所と小さな寝室があり、トルコ式の共同トイレが踊り場にあった。十歳になるまで、そこが我が家だった。

両親は一九七三年に結婚したものの、父はパリで移民労働者用の寮に住んでいたため、すぐには母をモロッコから呼び寄せられなかった。住まいと呼ぶにふさわしい場所を見つけなければ。そう考えて部屋探しをする段になって初めて、父は本当の意味で人種差別を知った。それまで自分はこの国が必要としている労働者だと思っていた。ところがアパルトマンを探し始めると、どれほど自分たちが望まれていない存在かを思い知らされた。無期限の労働許可証を持ち、給与証明もあり、礼儀正しくふるまった。それでもパリ中のステュディオ〔ワンルーム物件〕や建物の最上階の屋根裏部屋を見てまわる父に、仲介業者は例外なく警戒心を示した。

「書類は預かっておきましょう。しかし、あらかじめ言っておきますが、大家は北アフリカの人間を好みませんよ」

同じ移民労働者でも、イタリア人、スペイン人、ポルトガル人ならいい。だが北アフリカ出身者はダメだ。それでようやく見つけたのが、ポワッソニエ通り五十五番地のアパルトマンだった。

壁は汚いし、隣のケンカは丸聞こえ。その内容たるや話題満載の連ドラのようだった。それでも私にとっては最良の日々だった。私は一九七七年生まれで、弟のヤシーヌは一九七九年生まれ。だいぶ離れて一九八八年にいちばん下の弟ザカリアが生まれた。十八区のシャトー・ルージュ地区といえば、今ではボボ〔ボヘミアン的な気質をもつブルジョア層〕にも人気の界隈になりつつあるが、当時は見向きもされなかった。隣のアパルトマンには、黒人のきれいなお姉さんたちがきらびやかな民族衣装に身を包んで並んでいた。彼女たちが娼婦だと知ったのはずっと後になってからだ。そこの玄関ホールで遊んでいると、よく注射器が落ちていた。ヘロインのディーラーも出入りしていたのだ。父はこんな環境から私たちを救い出すために狂ったように働いた。それでも私や弟には幸せな子ども時代だった。向かいの部屋には独り者の中年のポーランド人が母親と暮らし、二階にはモロッコ人の一家が住んでいたが、そこからは一日中怒号が絶えなかった。おかげで私たちは恐ろしく汚いアラビア語を学ぶことになった。

フランスでは中学生になるまで必ず親が通学の送り迎えをするものだが、私は弟と二人きりでピエール・ブダン通りの突き当りにある学校に歩いて通っていた。そして公立の図書館を第二の我が家にして、何時間でもあきずに冒険漫画『タンタン』や、セギュール夫人の童話、『プチ・ニコラ』をむさぼり読んでいた。そこは私たちの避難場所、小さいけれど私たちの世界だった。

両親にしてみれば、ことはそう簡単ではなかったはずだ。父は煙草を吸い始めた。ヤク中や売春稼業、暴力にあふれた生活環境がいたたまれなかったのだろう。母はモロッコの小学校しか出ていないのでフランス語は話せないし、読み書きもできなかった。それで二階の一家と親しくしようとしたが、父はそれをよく思わなかった。無垢で純真な妻が、アラビア語でおしゃべりできるからといって、下品な同郷人と仲良くするのを見ていられなかったのだ。そんな連中と付き合うより、何か仕事を見つけてフランスに同化するほうがいい。母は洋裁が好きで婚礼のシーツも自分で仕立てたくらいなのに、なぜ縫製工場などに働き口を見つけようとしなかったのだろう。片言しかフランス語を話せないモロッコ人を雇うところなどなかったのだろうか。結局、多くの移民女性の例にもれず、母も高級住宅街で家政婦をすることになった。

昼は高級住宅街のモンソー地区にあるオスマン様式〔十九世紀後半、セーヌ県知事ジョルジュ・オスマンによる都市改造で建てられた住宅建築〕のお屋敷で、壁に飾られた絵画や収集品の埃を払い、何でも揃った広い台所でブルジョワの家族のための夕食を準備し、夜になると十八区のネズミの穴のようなアパルトマンに帰ってきた。「ネズミの穴」と言うのは言葉の綾でも何でもない。実際、我が家にはクモやゴキブリ、ネズミが這いまわっていたのだ。ある晩、父がごみ箱を開けようとすると、猫くらいもありそうな大ネズミが飛び出して、さすがの父も驚いた。以来、母はネズミ恐怖症になった。私のほうはクモ恐怖症だった。夜、寝る前に共同トイレに行かなければならないのに、途中で嫌な虫に出くわすのが怖くて漏れる寸前まで我慢するほどだった。母はトイレを清潔に保とうと努力していたが、自然の力には逆らえなかった。ある日、泣きわめいて部屋に駆け戻ったことがある。開いた足の間をネズミがすり抜けたのだ。その件があってから父は、おまるを買ってくれた。座って用をたせるような木の椅子も一緒に。それで嫌な夜の散歩から解放された。

一部屋しかない寝室に四人で寝るような生活だったから、段取りよくことを運ばないと暮らせなかった。朝は両親がまず起きて身支度を整えてから、私たち子どもを起こし、朝食をとる。夜も同様だった。台所を洗面所にしてかわるがわる体を洗い、寝室で誰もいないのを確認してパジャマに着替える。誰もが順番にことを進め、物は決められた場所に置く。父はまるでマジシャンのように、必要に合わせて部屋をたくみに変身させてくれた。ほとんどプライベートなどなかったが、それなりにうまくやっていた。

ある日、とうとう限界が来た。母がいつものように仕事から帰り、荷物を置こうとしたその時だ、部屋を横切るネズミが目に入った。それまで一〇年もの間、湿ってカビだらけの壁や騒音、隣人との人間関係にも耐えてきた。フランス人と同じように働き、税金もちゃんと納め、今ではフランス語も話せるようになり、二人の子は公立学校に通わせている。それでもまだ九平米の部屋に四人で寝るような暮らしを我慢しろというのか。それ以上を望んではいけないというのか。母は弟と私を両腕に抱えると、電話のある隣人のところに駆け込み、父の仕事先に連絡した。いつもの母からは想像もできないヒステリー状態で、受話器に向かってこうわめいた。

「こんなところに、もうこれ以上、一晩だっていられない！　たった一晩だってムリ！　これから市役所に行くよ。フッシーヌ、こんな暮らしはもうごめんだからね！」

市役所では受付がちょうど閉まるところだった。どのみち、そう簡単にことは運ばない。まずは予約をとるために明日出直してください。そう言われても母は頑としてあきらめなかった。

「ここで座り込みをするよ。誰かに会わないうちは帰らないからね！」

どんな奇跡が起きたのかはわからないが、女性の相談員が会ってくれることになった。しばらくすると、頭に血がのぼった妻にあわてふためいたのだろう、父もやってきた。相談員がミニテル〔パソコン以前に普及していた情報ネットワークシステム〕をたたくと、難なく「エル・ブガ」一家のファイルが見つかり、相談員はきっぱりと首を横に振った。

「残念ながらこの収入では転居できません。奥さん、あまりに収入が低すぎますから」

そう言われても納得せず、母は書類を差し出した。

「共働きで一生懸命働いて、立派に生活してるんです！」

まさにこの日、母とポワッソニエ通り五十五番地のネズミのおかげで、私たち一家のデータにエラーがあることがわかった。そして翌月、十九区の四部屋もあるアパルトマンに引っ越すことができ、みんなが自分の部屋を持てるようになった。

第15章　ママとミッテラン大統領

「わかってる？　母さんは大統領官邸に住んでるんだからね！」

それが母のお気に入りの脅し文句だった。私たちが言うことをきかなかったり、からかってくすぐったりすると、決まってこの言葉を振りかざした。面倒でも起こした日には、ミッテラン大統領〔当時〕に言いつけることもためらわなかったろう。効果てきめんの脅しだった。

母はパリに来て何年かは家事に専念していたが、その後、大統領官邸の真向かいにあるお屋敷で家政婦となり、そこで一五年間働いた。地下鉄のコンコルド駅で降り、高級ホテルのクリニョンや米国大使館を通り過ぎ、ガブリエル・スタジオ前ではミシェル・ドゥリュケール〔テレビ界の大物プロデューサー〕を見かけることもあった。そして我が家から地下鉄でわずか数駅だというのに、限りなく遠い別世界に着くのだった。

雇い主は六十代のベルギーの貴族出身で、老齢の母親と二人きりでガブリエル通りの広大なアパルトマンに暮らしていた。この二人から母はあらゆることを教わった。読み書き、ほぼ訛りなく話すこと、上流社会で通用するマナー。それは私たちが決して近づくことがなかっただろう世界の作法だった。弟と私は驚いたものだ。

「母さんは大統領のそばで働いてるんだね、すごい！」

実際、母はしばしばミッテラン大統領を見かけた。大統領はボディーガードに付き添われ、バルティックという名の黒いラブラドール犬をお供に、官邸の庭を散歩していた。母のほうでもたいてい雇い主の犬を散歩させていて、大統領の姿を目にすると、いつも愛想よく声をかけたものだ。「こんにちは、大統領さん」。すると必ず挨拶を返してくれたという。後に癌で亡くなる大統領が次第に弱っていくのが母の目にもわかったらしいが、それでも遠くから挨拶を交わし続けた。

　後に親しくなるモーリタニア出身の若い娘が料理を任されていたので、母はそれ以外のすべてをこなした。掃除、備品管理、介護。年老いた母親のほうを世話して過ごす日も多かった。大貴族に生まれ世界中を旅した老婦人は、母にいろんなアヴァンチュールの思い出を語って聞かせ、夜になるとそのまま母が私たちに話してくれた。彼女は母をとても好いてくれ、よくこんな言葉を口にしたらしい。

「ねえファティマ、世界中を旅したけれど、一番居心地がよかったのはタルダンよ」

　タルダンはモロッコ南西部のスース地方にある谷あいの村で、母の実家からもそう遠くなかった。だからよく知っていたが、いったいニューヨークやローマ、ブエノスアイレスに比べられるようなものがあの村のどこにあるというのか。美しいパリより、あの平凡な村を好むなんて、と母には合点がいかなかった。貴族の老婦人が語るモロッコは、母のモロッコではなかった。母が生まれる前のモロッコ、フランス風に変えられた植民地としてのモロッコ。アラブの伝統的な中庭、周辺に点在するオアシス、乾いた熱さ、新鮮なヤシの実、シナモンで香り付けしたオレンジ・サラダ……。

最高におかしかったのは、新しい言葉を教わって帰って来たときだ。古き良き時代を思わせる言葉遣いは、少なくとも母のベルベル・アラブ訛りとちぐはぐだった。私たちが母を困らせると、唐突に「なんと忌まわしいことでしょう！」と格調高い言い回しをするので、私たちは「それって、どういう意味？　どこでそんな言葉を教わったの？」と、お腹を抱えて笑った。自慢げにフォションやエディアール〔ともに高級食料品店〕、マキシム〔高級レストラン〕のロゴ入りバッグを持って帰宅することもあった。そんなとき母は、お屋敷でのパーティーがどれほど豪華だったかを話してくれた。五本ずつ並ぶナイフとフォーク、赤ワイン用と白ワイン用それぞれのグラス、惜しげもなくふるまわれる高価なシャンパン、特別な食材。老婦人がお見合い結婚した時代には、夫とは初夜まで顔を合わさなかったという話まで聞かせてくれた。私たちは目を見開いて、もっともっとと話をせがんだものだ。手の届かない名士たちの世界、幻想で彩られた世界の舞台裏に、子どもの想像力がかきたてられた。

老婦人との外出は、母には冷や汗ものだった。なにしろ札束でふくらんだバッグを手に、高級ブランド店が並ぶモンテーニュ通りに出かけるのだから。母が諭《さと》そうとしても、無駄だった。

当時は現金が幅を利かせていたのだ。もちろんお抱えの運転手がいて、地下鉄に乗るようなことはなかったが、それにしてもあれほど高額の現金を持ち歩く必要があるのかと、母は気が気でならなかった。

「いい加減にして、ファティマ。私のお金なのよ、迷惑はかけないわ」

ぴしゃりと言われておしまいだった。

働きはじめた頃、母のフランス語の語彙は限られていた。「それにしてもファティマ、なんてお馬鹿さんなの！」と言われても、「お馬鹿さん」という単語を知らなかった。意味がわかるようになると、それを黙っていられず、モロッコ風の訛りでこんな風にまくしたてた。

「マドマゼル〔正しくはマドモワゼル〕、私は馬鹿じゃありません。ちゃんと言葉の意味を知ってるんですから！」

もっとも老婦人が悪意をもってその言葉を使っているわけではないと、母もよくわかっていた。

ある日、母は手渡された給与の額の間違いに気づいた。計算が誤っていたのだ。それを指摘すると、雇い主は愉快そうに言った。

「ファティマ、あなたはフランス語は習わなかったかもしれないけれど、計算はちゃんと勉強したのね」

そう言って、少しばかり余分に上乗せしてくれた。母は独学の人で、異なる世界を行き来する二重生活もおおいに楽しんでいた。読むことは、『マクシ』や『現代女性』といった女性誌を通して覚えた。そんな母、忍耐強く頑張る母を、私は誇りに思っている。父も同じように母を誇らしく感じていた。はたして父だったら、まるで違う階級に母のようにうまくとけ込めただろうか。自信はなかったろう。しかし父は父なりに前に進んでいた。母が貴族のお屋敷で社会の階段を上っている間に、父は建築作業員をやめ、ポルト・ヴァンヴにある事務所ビルの警備員になった。雇い主は退役軍人だった。父もまた父なりのやり方で、かつてのフランス、旧世界と今の世界について学んでいたのだ。そこでは厳格と公明正大と誠実が身に着いた。父はそれが気にいっていた。

土曜日は母の仕事が一三時で終わるので、私と弟は母を迎えに行ってはよく映画や買い物、展覧会に出かけた。私たちにとってはとびきりのお出かけだった。母が働いている地区は本当に魅力的だった。すてきな公園、立派な門扉《もんぴ》の向こうに広がる館やお金持ちのアパルトマン。すべてが美しく落ち着いていた。建物の足元に広がる庭木はきれいに剪定《せんてい》され、音といえば鳥のさえずりくらいだった。私たちはベンチに座り、街を観察した。行き交う人々はとても上品で、犬を連れている人が多く、その姿を見ると私たちは思わず噴き出してしまった。

お屋敷に早く着き過ぎたときは、ベルを鳴らしても良いと言われていた。ただし規則はきちんと守らないといけない。大理石でできた広くて立派な正面階段は住人用。私たちは勝手口につながる小さなエレベーターを使うきまりだった。母はたいていトゥイックという名のダックスフントを散歩させて戻るところで、リードを手にして犬と一緒にいる母を見るのはなんとも妙だった。モロッコにはペットの文化がないのだ。

母は、贅を凝らした建物を見渡しながら誇らしげに言った。

「お前たちもここに住んでいると想像してごらん。すべてがどんなに美しいか……」

本当に豪華だった。でも、堅苦しすぎる。まるで美術館にでもいるように、あれを触ってはダメ、これも触ってはダメ、音を立てるのもダメ、つま先立ちで歩かないといけない、エトセトラ。乱雑さや、庭で遊ぶ子どもたちの声や、料理のおいしそうな匂い、そんなすべてが強烈に懐かしく感じられた。それに、魅力的なオスマン様式で殺菌されてしまったような建物には、目に見えない存在の居場所がない。それが私たちにはつまらなかった。豪奢や富にだけ心惹かれているわけではない娘たちに安心し、母はエプロンを脱いでオーバーをひっかけると、私たちと散歩に出かけた。

第16章　診療室3

「こんにちは。ここに伺ったのは、早漏だからです」

何度も診察を受けてようやく自分の悩みをきちんと話せるようになる患者もいれば、診療室に入って来るなり、すぐに問題の核心を口にする患者もいる。そういう患者は、診断と「奇跡の処方箋」もせっかちに求めたがる。オマールがそうだった。三十代の青年で、診療室に入って座るより早く、何が問題なのか、自分なりの分析を披露しはじめた。

「僕は普通じゃない。一分と我慢できないんですから」

「ともかく、お座りになりませんか。少しお話しましょう」

オマールは腕時計を気にし、貧乏ゆすりをする。絶え間ないストレスにさらされ、夫婦関係は遠ざかり、妻を避けるようになっているという。

「僕みたいのは彼女にふさわしくないとわかっているんです。これ以上、失望させたくない。ちっとも怒ってないって言うけれど、恥ずかしくてたまらない」

彼は前のめりで、今にも部屋から飛び出しそうな勢いだ。まるで私が魔法の杖をひと振りすれば、すべてが解決するとでもいうように。一回の診療はきっかり一時間。その間に、オマールはわかったようだ。結局、自分の体がどんな風に機能するかをきちんとわかっていなかった、ということが。

彼が育った家庭では、性を話題にすることなどなかった。性に目覚めたのは、両親の留守中に友人たちとポルノを見てからだ。父親は言っていた。

「結婚すればわかるさ」

結婚して十一年。彼は自分に自信が持てないままだ。妻が他の男性と満足のいく性生活を送れるなら、彼女のために別れてもいいとさえ考えていた。

「ネットで見たんですが、亀頭を押さえて射精を遅らせることができるって、本当ですか」

そういう話は前にも聞いたことがある。ネットには眉唾物の情報があふれかえっている。射精を我慢するために義母を頭に浮かべる、と告白した患者もいた。みな、それぞれの方法でやっている。それにしても亀頭を押さえるのは痛そうだ……。

オマールについては、ゼロからスタートする必要がある。勃起や射精のメカニズムを教えるうち、セックスの過程でどれほど呼吸が大事かを理解するようになる。興奮をコントロールし、早漏の不安を鎮《しず》めること。彼がリラックスした頃合いで立ってもらい、骨盤を左右前後に滑らかに動かす練習をしてもらう。多くの男性がそうであるように、オマールもセクシュアリテは性器だけの問題だと思っていた。本当は全身が関わっている。つま先から、それこそ頭蓋まで。

「近いうちに、妻と一緒にイケるようになりますか？」

同時に絶頂に達するなんて、映画のなかくらいにしかない。よほどうまくお互いが興奮をコントロールできなければ難しい。そう答えると、彼はがっかりしたようだった。

第17章　ブジェナ先生とシラク市長

ブジェナ先生はあまり物にこだわらない性質だった。待合室も、壁にちょっとした幾何学模様があるくらいでこれといった装飾はないし、小柄で小太りの本人もありきたりの黒眼鏡をかけ、あごには薄っすらとひげを生やしていた。植民地だった頃のチュニジアに暮らしていたからか、いかにも地中海人らしい雰囲気を漂わせ、白いワイシャツの堅苦しさを和らげるようにぞんざいに聴診器をかけていた。診療室はマルカデ通りの豪壮なオスマン様式の建物のなかにあった。立派な正門はアラベスク模様の鉄細工とガラスでできていて、玄関ホールは円天井……先生に診てもらいに行くときは、きまってラバ通りを通ることにしていた。いつもの言葉遊びのジョークを口にするためだ。

「ラバ〔あそこ〕、ラバ〔あそこ〕って、いったいどこよ」

子どもの頃に通った待合室なのに、不思議なほど鮮やかに細部まで覚えている。七〇年代に流行ったポップな幾何学模様の壁紙は薄い栗色だった。椅子は黒の皮張り。待合室の中央にあるテーブルには、時間つぶしのために古い雑誌が置かれ……私は必ず退屈して部屋を探索し、あちこち触りはじめたものだ。

診察が終わって母がほっとしていると、ブジェナ先生は私を指さしながら言った。

「この子は抜け目がない。しっかり面倒をみて、学校ではちゃんと勉強させないと」

「先生、そっちは問題ないんです」

先生は何事もいい加減にはしない人だった。それで今度は私のほうを向いて念を押した。

「本当かい、ナディア？」

「はい、学校ではよく勉強してます」

そうでなくてもおしゃべりな私はおだてられると舞い上がり、才気をひけらかした。

「じゃあ、次の学期末に通信簿を持ってくるように、お母さんに頼んでおこう。みんなで一緒に確かめられるようにね」

母は名誉にかけて約束を守るタイプだ。たまたま学期末に診察を受けることになると、通信簿を持参し、ブジェナ先生がわざとらしく目を見張る前で、ほーらと言うように振りかざして見せた。すると先生はポケットに手を突っ込み、しばらく何かを探すふりをして、一〇フラン硬化を一つ取り出すと、最も輝かしい未来を約束するように私に差し出した。よその人からは何ももらってはいけないと両親にきつく言われていたので、私は困ってしまった。同意を求めるように母に目をやると、首を縦に振ってくれたので、やっと私は立ちあがり、戦利品を手にした。両親以外から、自分の人生を切り開いていける人間だと認めてもらった初めての経験だった。先生の診療室に行くたびに、ポジティブなエネルギーをもらった。

診察の間、私はじっと先生を観察した。聴診は一から十まで、そして予備の質問や処方箋についても一語たりとも聞き逃すまいと必死だった。家に帰って、私の患者たち――ぬいぐるみ、両親、弟など――が報告を求めてくるときに、信頼を勝ち取るためだった。ブジェナ先生は、医学が科学であると同時に患者をまるごと診るものだとわかっていた。先生は私たちの暮らしぶりを知っていて、行政手続きの助言をくれたり、私たちが何を必要としているかを訊いてくれた。それだけでも半分は治ったようなものだ。両親も、患者の声を聞いてくれる先生だと感じていた。昔は村には必ずこういう先生がいたものだ。先生はユダヤ人で、私の両親はムスリムだったが、理解しあうのに何の障害にもならなかった。金曜の午後と土曜日は休診で、たまたま金曜の昼前に診察を受けに行くことがあると、必ず「良いシャバトを」と挨拶した。

一〇フラン硬貨の件からしばらくして、別の重要な人物に出会うことになる。パリ市長だ。それは一九八八年、市庁舎でのこと。両親は晴れ着に身を包み、私はこういう機会にお決まりのピータパン襟のブラウスと、ピカピカに磨いた靴を履いて出かけたと思う。お城にしかないような巨大な階段を上りきると、セレモニーを行なうサン・ジャンの間があった。はじめて見るその部屋は絢爛豪華で、ヴェルサイユ宮殿かと思うほどだった。もっとも実際に訪れたことはなかったので、想像のなかのヴェルサイユ宮殿だが。

その日はパリにある中学校から優秀な一年生を選び、市長と副市長が表彰式を行なうことになっていた。私が通う十九区のソニア・ドゥロネ中学ももちろん含まれる。足がすらりとのび、体にぴったりの仕立ての良いスーツを着こなして恰幅がよく威風堂々とした市長がそこにいた。ジャック・シラク氏に会うのは、もちろんドキドキした。

後年、彼がフランス大統領になったときに初めて、この日の授与式が私にとって何を意味したかがわかった。市長は私たち優等生に、トリコロールのリボンを結んだ二冊の本を手渡してくれた。しかしこの感じのいい市長が三年後、オルレアンを訪問した際に、パリのグット・ドール通りに暮らす移民たちを指して「うるさくて臭い」と言ったのはどうしたことだろう。私たちもグット・ドール通りの近くに住んでいた。その一件はともあれ、表彰式で市長からもらったきれいなアトラスの地図帳と、イラスト入りの中国探検の本は今、私の子どもたちが読んでいる。「フランスは学ぶことの本当の価値を認めてくれるところ。それはとても大切なことだ」と父は語っていた。とりわけさまざまな地域からやってくる子どもたちにとって、と私は心のなかでつぶやいた。表彰式のこの日、私の街パリとフランス共和国全土が私を認めてくれたのだ。

第18章　ピガールのモーリセット

高校一年のとき、選択科目で「社会・経済学」を選んだ。経済よりは社会に関心があって選択したのに、社会問題はほとんど取り上げられず、企業と統計学について学ぶカリキュラムだった。ただし、この二つを結びつけるには現場での調査が有益だろうという教師の考えで、私たちは労働現場のフィールドワークをすることになった。原則は簡単だ。二人ずつ組みになって、調査したい職業を選ぶ。そしてその仕事に就く人たちに取材し、あらかじめ用意されたレポート用紙を埋めていく。そこには同僚の人数、収入、労働時間、休日、労働条件などの項目があった。私はソニアと組み、スニーカーにイーストパックのリュックといういでたちで、ピガールの歓楽街を探検すべく出発した。そこは幻想を振りまく禁断の世界。そう、娼婦たちが働く世界だった。

ソニアは裕福なブルジョワ家庭に生まれ、モンマルトルに住んでいた。父親はジャーナリスト、母親は画家だった。私は移民労働者の娘だが、それでもクリシー通りを探索するなんてありえなかった。たまに両親と一緒に通ることはあっても、いつも足早に通りすぎるだけ。だからこの授業が、意識的ではなかったにせよ、秘密の世界へ潜入するよい口実になった。高校一年ともなればもう子どもじゃない。売春がどういうものかもわかっている。それでも私は知りたくてしかたなかった。その職業を「選ぶ」女性たちに聞いてみたかった。どうして、自分の体を貸し出すなんてことができるのか。

もちろん、セックス・ショップの店先で藪から棒に質問するわけにもいかない。知恵を働かせ、売春をしている女性たちの心をつかまなければ。ノートと鉛筆を握りしめた私たちは、どう見ても場違いな存在だったが、地下鉄のピガール駅を出ると、まずは男たちを観察した。彼らは偶然通りかかったわけではない。みな目的があってここに来ている。強烈な光景にどぎまぎし、どうしたらいいかソニアと話しあった。他の班と同じように、この界隈のパン屋や、クリシー広場のカフェの店主に話を聞くこともできただろうし、もっと簡単に両親に質問してもよかっただろう。でも、それではダメ。私たちは社会の隅っこで生きる人々に肌でふれたかったのだ。

最初は相手にしてもらえず、手荒にあしらわれた。

「あんたらネンネにかまってる暇はないんだよ、さっさと帰りな」

私たちは必死でお願いした。もし誰にも答えてもらえなかったらひどい点数を付けられて、先生からお説教をくらうことになると。売春婦たちは、かわいそうに思ったのだろうか。ともかく何人かはとりあってくれたが、階段を上って「仕事場」に入れてもらってからも、どうしていいかわからなかった。

「かっきり一〇分だよ。お客が現われたら知らないふりをするんだ、いいね」

　こうしてモーリセットと知り合うことになった。厚化粧にハイヒール、うす汚れた白い毛皮を羽織って、おそろしく自信あり気だった。パリ風の、人を小馬鹿にしたような雰囲気と言ったらいいだろうか。そんな彼女の人生は？　実にまともなものだった。シングルマザーで、食べるため、子どもたちを学校にやるために、朝から働きに出る。それまでいろんな仕事をしてきたが、これが一番性に合っているという。ちゃんと生活もできている。

「なんたって社長は私だからね」

　そこに彼女の誇りがあった。それにしても、ここに住んでいるのだろうか。客とセックスをするこの部屋に？

　彼女は子どもたちとキャンピングカーで暮らしていた。思い立ったらそのままヴァカンスに出かけるという。売春組織は絡んでいないから、誰に支配されているわけでもない自由な暮らし。それでも、どうしても聞かずにはいられなかった。何の感情もなしに、見ず知らずの男に自分の体を使わせるなんてことがどうしてできるのか。

「他の仕事と変わりゃしない。モデルだって体を貸し出してるじゃないか。愛情がどうのこうのなんて、つべこべ言わないだろ？」

　数字が必要だった。社会学や経済学で数字のない調査など意味がない。一回につきいくらになるのか、少なくとも月にどれくらい稼げるかを聞かなければ。この点に関しては、モーリセットは教えたがらなかった。企業秘密なのだ。最終的に幅を持たせた数字を教えてくれたが、当時はまだフランだったので、ユーロに変わった今となっては何の参考にもならない。とはいえ、当時の私には信じられないような額だった。四十歳代か、もう少しいっていただろうか。彼女は、私たちが質問した他の若い女性たちとは明らかに違っていた。他の女性たちは好きでこの仕事を選んだわけではなかった。事の成り行きや、運命のようなもの。とりあえずはこの仕事で稼げばいい、と。でもどうやってここから抜け出せるというのだろう。一〇年後、どうなっているだろう。誰にもわからない。私はまだ高校一年で、哲学が必修科目になるのは高校三年になってから。哲学を学ぶことで物事について考えを深めるようになれたが、それは二年も先のことだった。心理学を学ぶのはさらに後の話だ。これが私にとって労働の世界との初めての出会いであり、セクソローグへの扉を開く体験になった。

　クラスに戻ると、先生はとても驚いた。一緒に組んだソニアは文学少女で、調査結果の発表は見事だった。父にこの一件を話すと大笑いした。

「驚かないよ、ナディア。お前はひとと同じようなことをする子じゃないからね」

　そしてうまく舵をとってくれた。

「もし医療の世界で働きたいなら、医者や看護師に話を聞きに行ったらどうだ？　サルペトリエール病院〔ルイ十四世が創建。売春婦や精神障害者、貧窮者等の収容施設としても機能した〕もあるし、看護師さんを訪ねたっていい」

第19章　楽園を追い出された悪魔

毎年、夏休みになると家族でモロッコに旅した。フランス、スペインをひたすら南下し、さらに一晩、地中海の荒波にもまれた上にタンジェ港の税関で入国審査のために何時間も待たされた。私と弟がまだ小さいうちは、くたびれたプジョー１０４だったが、やがてもっと広くて快適なルノー18に買い替えた。それでも七月の太陽に車ごと焼かれるような暑さのなか、後部座席でじっと待つのは耐えがたかった。前を見れば車の列はどこまで続いているのかわからないほど長く、窓から入り込むじっとりした空気にもいらだった。三日もかけた長旅の末に、こんな風に待たされるのはあんまりだ。旅行者――大半はフランスに住むモロッコ人だった――にしてみれば、税関でのこの待ち時間は、故郷から遠く離れて働いた一年という時間のフェルマータだった。もうすぐ家族や友人、懐かしい故郷の村、みずみずしいオレンジやアルガンの木に会える。向こうに見える海はこれ以上にないほどキラキラ輝き、うだる暑さと税関の官僚的な仕事ぶりにうんざりさせられている人々を鼻先で笑うようだった。モロッコでは物事は「マクゼン」で動く。

それは抑圧とコネのシステムだ。言い逃れ、不謹慎な言葉、有効期限が切れた身分証明書……そんなこんなで、あれほど待ち焦がれたヴァカンスがただの往復に終わってしまう。誰の顔も不安そうだった。両親もぴりぴりしていた。

「暑くてたまらない、なにか音楽でもかけてよ」

私がお願いすると、父は答えた。

「とにかく税関を抜けるまでは我慢しなさい。奴らがボニーMを好きかどうか、わからないからね」

人権や革命しか頭にない、パリ育ちの少女はそんな答えにイライラした。

「ボニーMを嫌いだからって、なんだっていうの？　私はフランス人よ、私は自由なのよ」

愛らしい弟のヤシーヌも加勢し、私たちはいつものように反王政の気勢をあげた。

「王様が何だっていうの！　フランス共和国万歳！　自由万歳！　王政打倒！」

そして笑いが弾けた。誰かに聞かれでもしたら大変とばかり、母は焦って窓を閉めると、半ば真面目、半ばからかうように私たちを見つめた。それは叱責の言葉より効いた。そしていつものように父の言葉で一件落着する。

「もう少しすれば音楽をかけてあげるから、いい子にしてなさい」

どの町も、他の町から見れば「ブレッド」ではないのだろうか〔ブレッドは、北アフリカ出身の移民の間では「出身地」の意味で使われ、派生的に「田舎町」も意味する〕。

パリで「ブレッド」に帰ると言うと、たいていの人はモロッコを思い浮かべる。漠然と北アフリカを思い描く人もいる。船旅に眠れぬ夜を過ごし、最初に着くのはタンジェかセウタの港。それが「ブレッドの入口」だ。それから「ブレッド半ば」にあたるカサブランカへ。両親が決して心から好きにはなれなかった大都市だが、内陸へ向かう通過地点だった。そして最後に本当の「ブレッド」に着く。そこはアラビア語で「ベルベル人の国」を意味する土地、シラハ。広大な風景のなかに埋もれたそのオアシスは、遠目にはオークル色の小さなシミのようにしか見えない。アトラス山脈に沿う道を私たちのルノー18は絶壁すれすれに走る。踏み外した車の残骸がそこここに転がり、私は怖くて目を開けていられない。雑音ばかりのラジカセからは『愛こそはすべて』が流れていた。疲れきり、それでも幸せな気分で私たちは目的の地に着いた。

一年ぶりの再会に涙し、あふれる喜びを交わし合うと、今度は水道も電気もない暮らしが申し訳ないと言って親戚中に頭を下げられた。そして井戸まで水を汲みに行き、それぞれの家にある素朴なハマム〔蒸し風呂〕でバケツを使って身づくろいをした。毎年のこととはいえ、慣れるにはいつも少しばかり時間がかかった。例えば、自然のなかで用を足さなければならないのは本当に嫌だった。西洋流の快適さに馴れた私たちは母に頼んだものだ。

「お願い、トイレットペーパーをちょうだい。ねえ、サソリや蛇がいたらどうしよう」

村の人たちは、私たちがどんなに大きくなったかを見にやってきて、うれしそうに抱きついてくる。私たちはそんなとき身を引いた。ドーヴ、パルモリーヴ、ウシュアイアといったモロッコの山村では、人々は石鹸ではなく土の匂い、苦労や生活の匂いがした。最初の何日かはちょっと嫌だったが、それもすぐにどうでもよくなった。洗うとか洗わないとか、どんな匂いがするかとか、清潔な身なりやきれいな髪形なんてどうでもいい。山を歩き、いとこたちと遊び、石で焼く世界一おいしいパンをかじり、祖母が話してくれるベルベルの昔話に耳を傾け、流れ星を眺めて過ごす。それがヴァカンスだった。

父は子どもの頃の思い出話を聞かせてくれた。家の屋根に置いたミツバチの巣箱から蜂蜜があふれ出て、壁に染み込んだのを舐めて遊んだものさ、云々。日が落ちる頃には空は一面にオレンジがかった赤に染まり、山は燃えるようだった。夜のご馳《ち》走《そう》はタジンだ。みんなの分の肉を切る。そして年寄りたちがアトラス地方に伝わるおとぎ話を聞かせてくれた。ジン〔幽精〕の生まれ変わりである蛇、女性の精霊になるヤギ……床に置いたろうそくの火が土壁の上に影を作り、夜の宴が一層盛り上がる。ひとしきり幻想的なおとぎ話を楽しんだ後は、庭に寝転んで星空を眺める。あれほど多くの星を眺めたことはない。自分たちで銀河を発明したり、世界や宇宙の始まりについて話を作ったりして時を忘れた。私たちはまだ何も知らず、何でも勝手に発明して楽しんだ。流れ星は楽園の天使に追い出された悪魔だと考え、目にするたびに口にした。「見て、また一つ、悪魔が追い出された」。こうした夜を過ごしながら、永遠にこの子ども時代が続いてほしいと思っていた。

村では、礼拝への呼びかけが日々のリズムを作っていた。当時はまだ信仰に目覚めていない私も、明け方、神への祈りを呼びかける朗々たるアザーンとともに起きるのが好きだった。その朗誦が終わると、今度は鶏が時をつくる。なんでもよく食べ、よく眠り、大地と自然と一体になった日々。人々には嘘がなかった。カサブランカの喧騒やパリのちっぽけな生活からとてつもなく離れた、簡素だが本物の暮らしがそこにあった。母が言うように、ちょっとの間でも消費社会から離れることができ、私たちには最高の贈り物になった。

そんな夏休みも終わり、小麦色に焼けた肌で学校に戻る。頭はまだ夏休みで、祖母が作ってくれた特別なミントティーの香りを思い出している。すると、遠くから神経質な声が聞こえてくる。

「さあ『ブレッド』を出して、11ページの練習問題2。最初の三問を解きなさい。制限時間は一〇分」

教師のこの言葉こそ、カルチャーショックだった。いったい誰がフランス語の文法と綴りの練習帳を『ブレッド』と名づけることを思いついたのだろう。そのフランス語の練習帳はフランス社会への同化を保証してくれる、私たちの最良の友だ。それを『ブレッド』と呼ぶなんて、私たちが本物のフランス人じゃないってことを思い出させるための悪い冗談なのだろうか。まあ、どうでもいい。ともあれそのフランス語の練習帳は、こことあそこ、フランスと北アフリカを結ぶハイフンだった。

オデット・ブレッドとエデュアール・ブレッドの存在を知ったのは、つい最近のことだ。この夫婦はともにパリの小学校に勤め、教育に身を捧げた文字通りの聖職者で、文法と綴りが苦手な子どもたちのためにこの練習帳を作ったのだった。その由来など知らない私は、たわごとを言っていたにすぎない。あのとき私の目は練習帳のタイトル『ブレッド』を見ていたが、心はまだアトラスの山の中、「ブレッド」にいて、楽園から追い出された悪魔たちを数えていたのだった。

第20章「足を閉じて、ちゃんとしなさい！」

モロッコでのヴァカンスで一番やっかいなのは、西洋流の習慣が通じないことだった。

カサブランカの祖父母の家では、午後はたいていみんなでテレビの前で過ごした。アラビア語のチャンネルは、フランスで見慣れた番組ほど教育的でなかったり、午後はずっとエジプトや南米のドラマ『愛の炎』のようなお涙頂戴の甘ったるい純愛物を流したりしていたが、フランス語のチャンネル「2M」は夏の間ずっとルイ・ド・フュネス〔フランスを代表する喜劇俳優〕の名作を放映し、私のお気に入りになっていた。床に寝転び、画面にかぶりつき、ミシェル・マーニュの忘れがたいタイトル曲を味わいながら、私は映画『ファントマ』シリーズの全編を楽しんだ。

八歳の子どもなら、テレビに夢中になっているとき、どんな格好をしているかなど気にしないだろう。私も知らずに大股開きをしていたし、弟や叔父もだらけた格好をしていた。ところが、祖母に叱られるのは決まって私だけだった。

「フシュマ！　恥ずかしくないの！　足を閉じて、ちゃんとしなさい！」

モロッコではごく小さい頃から、女の子はそう言われて育つ。もし五歳の女の子が側転でもしようものなら、「フシュマ！」と怒鳴られる。けれど私は反抗的で簡単にはなびかなかった。横目でこっそり叔父を見て、同じ格好をしているのを確かめてから口答えした。

「なら、叔父さんにも足を閉じてちゃんとするように言って。私だっていい子にしたいけど、男の子は何も言われなくて女の子だけがお行儀よくしなくちゃいけないなんて、理屈に合わないもの」

祖母もあきらめず、ときに私の横柄さを西洋のせいにした。そんなとき私はわざと恥や慎み深さとは無縁の、我流の「フランス式」を押し通した。祖母はまた、わけのわからない呪いにかかって規律を失ってしまった時代のせいにすることもあった。成長するにつれて私はさらにとんがり、家族に「本当に恥を知らない娘」と思われても仕方ないほどになった。

「足を閉じなきゃいけないのは、本当は男じゃないの？　だって、男が模範になるんでしょ。恥を知らなきゃいけないのは男。私はけっこうよ。ここには用はないから、さあ、行った、行った！」

アラビア語の「フシュマ」がフランス語に取り入れられ、何かにつけて使われるようになったのはごく最近のことだ。原語の意味は幅広く、定義は難しい。北アフリカの方言では恥を意味してきた。ハラムが宗教的な禁止を指して明快だとすれば、フシュマは道徳的、社会的な規範として世代から世代へと伝えられ、どこにも明文化されていない。モロッコの社会学者スマヤ・ナアマーヌ・ゲッスによれば「見えない法律」だ。フランス語にも英語にも存在しない概念だが、モロッコでは至る所に現われる。客がいる前で泣く子や、食事の支度ができる前からお腹がすいたと口にする子は、フシュマ。短すぎるドレスは、フシュマ。場違いの発言も、フシュマ。モロッコでは、子どもは王様でもなければモンテッソーリ教育法とも縁がない。甲高い叱責の声——なんてことだ！　フシュマ！　恥さらし！　——にはお決まりのジェスチャーがつく。両目を大きく見開き、その目を指しながら人差し指を頬に当てて下にひっぱる。「なんて災難だ、そんな自分を見てもらいたいのかい？」と言うように。

　不思議なことに、世間ではハラムよりフシュマが重視されている。例えば宗教的禁止を軽んじて酒を飲む男も、親の前では決して飲まなかったりする。ということは、神に恥じるより親に恥じるということだろうか。同様に、家族を安心させるためにスカーフを被る娘も、大学に着くなり脱いだり、住んでいる地域から離れると被らなかったりする。そこにはもう告げ口をする者がいないからだ。他人の目、世間の評判や噂ばかり気にするこうした強迫観念がモロッコ社会を腐らせている。それはユダヤ・キリスト教の影響を受けた西洋的な道徳とはまったく異なる。このフシュマはじつは遙か昔のアラブの伝統に由来するもので、イスラムの聖典にはなんら言及されていないし、もちろん正当化もされていない。それどころか預言者ムハンマドは、礼拝中に子どもたちがやってきて駄々をこねると、追い払うどころか温かく抱きしめ、それからまた瞑想を続けたと伝えられている。

　ムハンマドの子どもたちではないが、家族で夕食を楽しんでいるときに「セクシュアリテ」の語を口にしてみるといい。一人残らず卒倒してしまうだろう。ところでセクシュアリテについても、預言者より適切に私たちに語れる者がいるだろうか。

ある夏のこと、私は両親からムッサムと呼ばれる村祭を撮影するよう頼まれた。他にカメラを正しく扱える者がいなかったからだ。前に任されて撮った人はへたくそで、画面が宙返りしたり唐突に途切れたりするものだから、上映会ではみな吐きそうになってしまった。私が撮影することについては村の長老も了承し、ビデオに映りたくない女性は端に寄るようにと指示していた。当時、私は十七歳だったと思う。白いランニング・シャツに青いサルエルパンツ、バスケット・シューズを履いて、ポニーテールに結んだ髪にキャップを被っていた。村人たちは男女に分かれて座り、互いにスース地方の典型的なベルベルの踊り、アフワッシュを披露する順番を待っていた。

私はカメラの画角調整、ダンサーやその準備運動、詩的な歌詞の内容など自分の仕事に集中し、カメラが手振れしないように気を張っていたので、回りがざわついているのに気づかなかった。祖母の兄である大叔父が私の両親に文句をつけにやってきて、ようやく事情がわかった。撮影そのものは誰にも迷惑をかけていない。問題は他にあった。村人たちは私の服装に文句をつけていたのだ。「スニーカーやトレーニングウェアは男が着るものじゃないのか？」と、大叔父は私の両親を責めた。

「きちんとした身なりをするよう言いなさい。せめてワンピースくらい着れたろうに。どう見られると思ってるんだ」

大叔父はなぜ私に直接言いに来なかったのだろう。母は激怒し、私の味方をしてくれた。

「ナディアには何の非もありませんよ。祭に参加もしないで、誰が何を着てるかなんてことを監視して。他にやることがないなら、それはそっちの問題さ」

うんざりした大叔父はフシュマを言い立てて話をうち切った。私は村のドレスコードを破り、淫《みだ》らな女と見られていたのだ。「男の子」みたいな恰好は許されない。つまりはそういうこと。

モロッコでは、子どものためと言って叱責することに文句をつける者はいない。みな判で押したようにフシュマの教育的価値を言い訳にする。フシュマで枠にはめ、範を示し、しきたりを呼び覚ますのだ。

残念ながらこれは氷山の一角でしかない。俯瞰的に見ればわかるだろう。こんな風に家や村に押しつけられている権威があるとすれば、国のレベルでも同じように人々を支配し操作するために使われていると。モロッコでは、人々はいつも上の人間の顔色をうかがって生きている。そして行動規範が普遍的かどうかより、アラブ文化に照らしてふさわしいかどうかを重視する。フシュマはこうして、社会のなかでふさわしくない行動を探し出すスパイのように機能する。どんなつまらない欠点でも探し出し、ふさわしくないと思われる態度や行動を見つけ出す諜報員だ。市民自身が公序良俗の番人になるのだから、どれほど体制にとって都合がいいことか。結果は最悪だ。抑制、恥、不審、猜疑《さいぎ》、自分への不信……人々は互いに監視しあい、自ら自由を禁じ、他人を恐れ、世間にどう見られているかを恐れて生きることになる。

さらにひどいことに、それが性教育や情操教育にとんでもないブレーキをかけるている。

現に子どもたちは親に「パパ、ママ、赤ちゃんはどうやってできるの？」などと決して訊ねたりしない。年頃の娘も、初体験や初潮について母親にいっさい質問しなくなるだろう。それどころか自問するだけでも恥とみなされてしまう。結果的に若者たちはセクシュアリテをなにか良くないものとして発見していくことなる。その方法も最良とは言い難い。自慰にふけり、過度に走り、ポルノに浸る。あるいはもっと単純に、結婚初夜に魔法の杖をひと振りするように性的な満足が得られるはずだと妄想してしまう。

そもそも、ほんのちょっとしたエロティックなささやきさえスキャンダルだと大騒ぎするようなこの社会が、初夜の宴で血に染まったシーツを公衆の面前にさらすのだから、わけがわからない。夫婦だけの最も密やかな空間まで見張られるのは、最悪のトラウマになるだろう。幸いにもこの伝統は今ではなくなりつつあるが。

グローバリゼーションとともに風俗も少しずつ変化している。私の夫はモロッコのアガディール育ちだが、大人の目を見て話したことも、大人に口答えしたこともなかったという。今ではそんなことも少なくなり、前国王のハッサン二世が亡くなってからは教育制度が議論の対象になり、子に対する親の態度も少しずつ変わり始めている。とはいえ何十年も自由な言論を封じられてきたのだから、その影響は一朝一夕にはなくならない。人々が自由を知るときには軋轢《あつれき》も生じるだろう。例えばモロッコの若者が移民となって欧州に渡り、彼の地で表現の自由や権利を手にしても、どうふるまったらいいかわからない。唐突にフラストレーションを解除されても途方に暮れてしまうにちがいない。移民の二世や三世になると、矛盾はさらに大きくなる。もはやフシュマに正当性はないと彼らはわかっている。それでもスパイは今もそこにいて、横目で彼らを監視している。そう、スパイもまた移民と一緒に国境を越えたのだ。

フシュマのいちばんの被害者はなんといっても女性たちだ。何を恥とするかは地域差があるのだろうか、モロッコでは夫が妻に暴力をふるっても恥とはみなされない。あまりひどいときには「分別を持て」と、第三者が口を挟むこともあるが、せいぜいそこまで。結婚前の性交渉についても同様で、男性は決して罰せられないかわり、女性のほうは一族中の不名誉にされてしまう。それは、最後には権力がものを言う父権社会の産物だ。父は子に、男は女に権力をふるう。その弊害を、私は日々の診療で目にしている。娘たちは小さい頃から足を開いてはいけないとくどくど言われるばかりで、肉体についてきちんと教えられずに育ち、自分の体とうまく折り合いがつかないでいる。クリトリスについて聞いたこともなければ、膣についての科学的な知識もない。深刻なのは、そうした無知が膣痙攣《ちつけいれん》を引き起こす場合だ。膣痙攣とは複雑な心理・身体的なプロセスで引き起こされる骨盤底筋の痙攣で、挿入を不可能にしてしまう。今なお「妻の義務」とみなされている行為を果たせないことで、彼女たちは罪悪感に苛《さいな》まれる。なかには性にまつわるすべてを嫌悪するようになり、性欲をまったく失ってしまう女性もいる。賢く現代的で教養もある女性が自分の肉体を受け入れられず、自分自身の欲望も、他者に欲望をひきおこすことも受け入れられなくなってしまうのだ。マスターベーションについては議論するまでもない。それこそフシュマだ、ということになる。

今では北アフリカ出身の移民たちも自己実現の大切さを理解している。患者たちが他の専門家ではなくなぜ私の診療室を訪れるのか、両親に聞いてみたことがある。二人が言うには、同じ「倫理観」をもつ専門家だから信頼を寄せるのではないか、ということだった。つまり、投影ということ。患者は自分の文化、伝統、問題を理解しようとしてくれる医者に信頼を寄せる。なぜなら彼らはしばしば二つの不安を抱えているからだ。一つは、彼らの文化が反動的で古臭いと決めつけられること。そして、自分とは違う考え方を押し付けられること。

第21章　診療室4

私の患者にも少なからず同性愛者がいるが、その大半は北アフリカ出身者だ。同性愛を許さない文化のなかで、思春期以降どうやって自分のセクシュアリテを実現してこれたのか。それを尋ねても答えられる患者はいない。彼らは断罪を恐れ、強い絆で結ばれた家族から絶縁されることを恐れながら生きている。そんな彼らはいったい何を求めて私の診療室を訪れるのだろうか。彼らのセクシュアリテを決めるのは私ではないこと、私はただ彼らに寄りそい、それぞれの性的な自己実現を手伝うことだといくら説明してもわかってもらえない。彼らは決まってこう答える。

「私を異性愛者にしてください」

無意識の妄想に縛られた患者もいる。スポーティーで若く美しいラシダもそうだった。結婚して三年になる彼女には息子が一人いる。どこから話し始めたらいいかわからない、といった風だった。夫婦仲はよく、不満はないという。

「ただ、夫にはもう燃えないのです。というか、どんな男性にも」

すでに高校時代から、本人もうすうす変だとは感じていた。学校中の男子に追い回されるほどモテたのに、誰にもときめかなかったのだ。女友達はラシダに代われるものなら何でもしただろう。それくらいモテたが、彼女は何も感じなかった。自分は普通ではなかったのだろうか、女性が好きだったのだろうか。ラシダはそう考えることを拒んできた。

そんなこと、ありえない。

「男性というのは粗野で愚鈍で盛りのついたオスでしかないと、ずっと思ってました」

ところがここ数か月、ラシダはおかしな夢を見る。

「自分のなかに途方もない穴があいているみたいなんです。これまで女性に惹かれたことなどないし、夫を愛してます……でも、自分でも戸惑うようなことが頭に浮かんで」

想像通り、ラシダは女性と性関係をもつ夢を見ていた。シナリオは毎回同じ。自分にはペニスがあって、それを相手の女性に荒々しく挿入するという夢だ。そして汗びっしょりになって目覚める。夢のなかとはいえ、そんなことができる自分が恥ずかしくてたまらない。

「私は女性を愛することを自分に禁じているのでしょうか？　私は本当に女という種族なのでしょうか。私は神から間違った性を授けられてしまったのではないでしょうか？」

第22章　慎み深さには50ものニュアンス

フシュマの問題は、聖典のどこにも見当たらない。聖典で語られている「慎み深さ」は怒りや恥とは無縁のもの、というより怒りや恥とは反対に、内的な力、生気、活力を表わしている。預言者ムハンマドの語録に出てくるハッヤという語がそれにあたり、「生きる」を意味するハイアと、アラーの九十九ある別称の一つであるハイを起源にしている。しかし聖典に由来するこのアラビア語は、人々の暮らしのなかでは使われていない。「慎み深さ」の肯定的な意味が文語に限られ、口語では宗教的な基盤もないままに否定的に使われ続けているのは残念でならない。権力を築いたり、ひとに罪悪感を強いたりするとき、「慎み深さ」より「恥」のほうが効果的ということなのだろう。

ところで、預言者ムハンマドはどう言っているだろうか。正統とみなされているハディースのなかで、ムハンマドの同伴者たちはこう語っている。

「預言者ムハンマドの家に集まったおり、慎み深さが話題になったことがある。慎み深さとは宗教的なものかと私たちが問うと、こう答えた。宗教そのものである、と」

別のハディースで、ムハンマドはこう強調している。

「慎み深さと信仰は密接に結びついている。片方が失われるとき、もう一方も同じ運命を辿るだろう」

イスラムの内部でも西洋でも、同じように誤解がある。コーランが教えるハッヤはなおざりにされ、そのまがい物が社会に出回っているのだ。慎み深さとはまさに恥以外のすべてであり、信仰の起源のひとつであるのに。

イスラムでは禁欲的な生活それ自体を目的とは考えていない。どれほど信心深くとも、一日中モスクで過ごすことは何の意味もない。内的な信仰の道は、社会と接することで初めて真価を発揮すると考えられているからだ。例えば、自分が忍耐強いかどうかは他者と関わらなければわからない。まさにそこに慎み深さの真の目的がある。慎み深さという優れた性質は、まずは自分自身に、それから他者に向けて差し出されるべきものだ。というのも、自分を愛せない者が、どうやって神に気に入られていると感じられるだろう。慎み深さとは天の高みに向けられると同時に、人類のすべてに水平的に向けられるものだ。

「慎み深さ」が誤解され、肉体的な次元だけで語られるのは、明らかに露出に関する意識のせいだろう。たしかに私たちは魂や精神だけでなく肉体をもった存在である。しかし慎み深さとは性的な節度に還元されるような概念ではない。ハッヤは肉体と精神を結びつけながら、私たちに命を吹き込んでくれる。一般に考えられている慎み深さとは違い、ハッヤは欲望をかきたてる。セクシュアリテにおいて、慎重さに働きかけ、純化し、昇華させ、選択という考えを取り入れながら——誰とでも何でもあり、というわけではない——エロティスムの中心にあって欲望を生み、かきたて、増大させる。エリック・フィア〔哲学者〕はその著書[☪1]でこう書いている。「猥褻は隠すべきものを露わにし、上品ぶった態度は見せるべきものを隠す。そして慎み深さは見せたり隠したりしながら、特別な魅力と神秘を手に入れる。それは礼儀正しい人にも、淫らな人にも、気を引こうとする人にも、恥じ入る人にも見出せない、存在の最も奥深いところに秘められた魅力である」。

☪1 アデール・ファン・リースとの共著『慎み深さ』（プロン社と公共放送フランス・キュルチュールの共同出版）。

フシュマが肉体を管理し精神を操るのに利用されるとすれば、ハッヤは人と人との境界を定め、一人ひとりに固有の場を定める。それは誰もが自分の内面性を保証され尊重される場だ。不当にも、慎み深さを話題にすると必ずと言っていいほど露出が取りざたされる。しかし、慎み深さとはなにより内面性に関わっている。それは運動であり、武道の受け身であり、二人のゲームであり、肉体を隠したり露わにしたりしながら、それぞれが自分の欲望の主体となり、互いに気高い欲望を贈り合うことだ。

精神科医であり心理学者でもあるホセ・モレル・サンクマルスはその状態をこう言い当てている。「真に性の営みを受け入れるには、慎み深さが欠かせない。ノンと言うこともできて初めて、ウイに価値があるのだから」。

イスラムではこの「ノン」がより根本的な意味を持つ。というのもイスラムでは、魂は私たちのものだが肉体は私たちのものではなく、一時的に預かっているにすぎないと考えられているからだ。極東にもこんな哲学がなかったろうか。

「しっかり世話をするようにと神から託された肉体だから、私はこの肉体を大事にする」。私たちの肉体は傷つけたり乱暴に扱ったりしてもかまわない商品とは違う。もちろん、ひっきりなしに人目にさらされているただの肉の切れ端でもない。イスラムでサディズムやマゾヒズムが理解されないのも、まさにそこに理由がある。保護することと活用することとの微妙なバランスを見出さなければならない。

私はしばしばこんな質問を受けることがある。

「あなたはスカーフを被っているのに、ベルベルの色鮮やかな宝石やエレガントなチュニックを身に着けて出かけるのが好きなのは、なぜ？」

答えはいたって簡単だ。サウジアラビアのような国々では、肉体は完璧に覆われ、鍵をかけられ、閉じ込められ、否定されている。しかし、それは決して神の意志ではない。もし神の意志だと言うなら、なぜ神は人間に快楽を与えたのだろうか。

第23章　診療室5

まるで心理療法を受けたかのように、初診で涙がとまらなくなってしまう患者がいる。ときには診察時間が終わる頃になってようやく二言三言話せるようになるケースさえある。すすり泣きの合間に発せられる言葉の切れ端を集めながら、患者がなぜ私に診てもらいに来たのかを推し量る。

ファトゥマタの場合がそうだった。三十五歳で、結婚して八年になるのに性欲がまったくない。それが理由で診察を受けにきたのだと理解するまでに四十五分かかった。とぎれとぎれの話のなかで、何度も「冷淡」の言葉が口をついた。涙にさえぎられ、しゃくりあげながら、それでも少しずつ言葉がつながっていった。

「夫はしょっちゅう私を欲しがるのです……でも、私はまったく。なんとか頑張ろうとしても性欲がおきません。私は性生活なしでも少しも問題ないのです。夫が求めてくるほどに煩わしくなって。それで一緒にベッドに入らないよう工夫しています。さいわい私が先に寝てしまえば夫は放っておいてくれます。それから夫を刺激しないような服を着たり。最後まで行くのが嫌なので、ふれたり抱きついたりするのも避けています」

時には仕方なく受け入れることもある。そんなときはヒトデのようになって、ただただその苦役が早く終わるのを待つだけだという。

「お相手の反応は？」

「ウンザリしています。不感症と寝てるみたいだ、って」

初めからそうだったのだろうか。彼女のほうから率先して、ということは一度もなかったらしいが、時に性欲はあったという。

慎重に話を進めるうち、ある日突然、謎を解くカギが見つかった。動かしがたい事実として。ふくよかな唇をした美人で体型も理想的なファトゥマタは、記憶をたどるうち、二年前の夏にマリに里帰りした後で性欲がなくなったことに思い至ったのだ。夫の一族の誰かに呪いをかけられたにちがいない。頭に浮かんだのは夫の従妹《いとこ》だった。夫に目をつけていたその従妹はやきもち焼きで、ファトゥマタとの結婚を受け入れられなかったにちがいないと。こうした信仰や不可視の世界の存在について、私がどう思っているかは問題ではない。重要なのは、患者自身がそこに価値をおいているかどうかだ。

「こんなこと、とても話せませんでした。狂人扱いされそうで」

以前、心理カウンセラーに話して後悔した経験があったのだ。

「カウンセラーはこう言いました。『さあ、診療を始めますから、現実世界に戻りましょう』って。でも、性欲がなくなった原因が本当にその出来事にあるとしたら、どうしたらいいのでしょう」

第24章　封印されたセクシュアリテ

性関係を持てないという理由で診療を受けにくる女性も少なくない。多くはアフリカ出身の女性たちで、夫婦関係はうまくいっているのに、いざ挿入の段になると体が固まってしまうという。自分の膣が小さすぎるとか、夫が強引すぎるとか。口にする理由はさまざまだが、おしなべて性科学でいうところの「ヴァギナ主義」、つまり膣の無意識の緊張が性行為を不可能にしてしまうということを認めたがらない。こうした患者に、西洋の医者は「欲すれば、できる」と言ってみたり、フロイト流の精神分析を受けるよう促すかもしれない。残念ながら彼らは、アフリカには無意識より重要なものがあることを忘れている。それは不可視の世界だ。

モロッコではトゥカフ、チュニジアではタフシフという「監禁」の儀式がある。農村に受け継がれる昔ながらの風習で、若い娘を婚前交渉や肉体の快楽から守るために行なわれている。儀式を司《つかさど》る母親や村の女性長老からすれば、娘たちを守ろうとする善意から行なう儀式だが、これから大人になる当の娘たちにとっては、充実するはずの性生活の足かせになってしまう。

儀式は地域によってさまざまな形をとる。旅行用の大きなトランクを開けて、その上を娘に跨《また》がせてから、母親がトランクに南京錠をかけ、今度は反対側から跨がせるといったもの。あるいは少女の左ひざを傷つけ、その血に浸した干しブドウやデーツを食べさせるという儀式もある。少女は食べながら、「膝の血が私の小さな穴をふさぐ」と七回言わされる。また、糸をつむぐのに使う糸巻き棒の上を渡らせ、やはり七回「私は壁、男は糸」と言わせる地域もある。こうして少女は厚い壁となり、いつの日か男の「糸」が力ずくでその壁を打ち砕くことになるのだ。

こうした儀式はおそらく西洋には存在しないだろうが、私たちの文化に深く浸透している。問題は、少女が大人になり結婚する年齢になったときに、儀式を行なった母親や女性長老たちが「鍵を外す」のを考えないことだ。儀式が女性たちに及ぼした結果を、私は日々の臨床で目のあたりにしている。肉体はなにより雄弁に語ってくれる。鍵がはずされていないから、挿入を受け容れることができないのだ。性教育の代わりに、社会はこうして女性の性器をふさいだままにして、男の欲望の的になったり性の餌食になったりするのを防ごうとする。しかしそれは、社会がそうと決めたら子どもを産ませることができるように、子宮という便利な「道具」を護るためでしかない。もしセクソローグがこの儀式を無視すれば、本質的な部分はわからなくなってしまう。女性たちが被《こうむ》っている「施錠」を臨床医が知らないまま、あるいは軽視したまま心理療法を提案したとしても、患者たちはおとなしく従うだろう。しかしこのとき、医者は患者の基準ではなく自分の基準に則っている。民族精神医学者のトビ・ナタンが指摘するように、それは悲惨な結果を招く。最悪の場合は他者の否定に向かい、良くても他者を精神的に植民地化することになるのだ。

西洋人はジンについてロマンチックなイメージを持っていて、ジンと聞けばすぐにアラジンの魔法のランプから現れる魔神を思い浮かべる。夢を壊してしまうかもしれないが、北アフリカの民間伝承では、ジンは魔法のランプではなく排水溝に住んでいる。それが理由で、人々はできるだけ流しに熱湯を流さないようにしている。ジンやその子どもたちに火傷《やけど》をさせてはいけないからだ。子どもの頃、母がパニックになって髪をふり乱し、父に噛みついていたのを覚えている。

「何てことしたの！　罰が当たるわ！」

父は面白がってわざと熱い紅茶を排水溝に流したのだ。「いったい何が起きると言うんだ？なあ、ジンの殿方たちよ、臭い排水管なんかよりもっと居心地の良い住み家はないのかい？」

母は笑うどころか、ぶつぶつと呪文を唱えていた。今はもう昔ほどではないが、母はいまだに排水溝にものを流すときは気をつかっている。それにしても不可視の世界の出来事を、どうやって知るのだろう。ジンという超自然的な小さな存在は人々の想像力の賜物というだけでなく、コーランにも登場する。人類の誕生以前の世界には男の性をもつジンや女の性をもつジンがいて、人間と同じように自由意志を持ち、天使や悪魔とは異なり、それぞれが善と悪のどちらかを自由に選べたという。ジンは火から、人間は粘土から、天使は光から創られたとされている。そして悪魔は堕ちた天使というよりはむしろ神に背いたジン、人間にひれ伏すようにと命じた神の言葉に背いたジンで、それゆえ人間たちを味方に引き入れようと耳元で悪事をささやくのだと言われている。

こうした信仰は日々の暮らし、とりわけ性生活に大きな影響を与えている。私の患者のなかにも、夢のなかで「ジンと関係」を持ったり、現実にジンに触られたというトラウマを抱えるケースが少なくない。患者には男性も女性もいる。はた目には愚かしく見えても、また信じようと信じまいと、患者の話に耳を傾けて真意を読み解く必要がある。とくに自慰に関する話は興味深い。いくつかのハディースを引用して、イスラムでは自慰は禁じられていると解釈する学者もいるが、明確に禁じているテクストはどこにもない。たしかにイスラム圏では、一人で快楽を得ようとする文化はない。自ら望んだか否かにかかわらず、一人で快楽を味わうことがあるとすれば、それはジンの仕業だと言われている。不可視の世界からやってきた存在が、私たちの欲求をみたしてくれるとは！　もしかしたらそれは責任から逃れるための知恵なのかもしれない。夫婦生活で問題が起きたとき、ジンのせいだと言ってしまえば関係を問い直さなくてすむのだから。

　祈禱師も説明に窮すると、不可視の世界と人間を結びつけるためにシュールと呼ばれる魔術を使うことがある。その魔術は食べ物、衣服、物、髪、爪などにかけることができる。そもそも北アフリカの人々はこうした日常のこまごましたことによく気をつかう。爪を切るにしても、どこでどのように切るかを気にかける。美容院で髪を切るときも、切った髪の束を持ち帰りたいという客は少なくない。

「私、ジンの被害にあったの」

「本当？　でも、どうやってわかったの？」

「いろんな症状が出たのよ。それでラキ〔治療師〕が教えてくれた、ジンに何か悪いことをされたって。夫のほうのジンらしい。きっと女ができたんだわ」

　どれほど荒唐無稽に聞こえる話でも、しばしばそこから家族の問題が見えてくる。サハラ砂漠以南のアフリカには、誰もが自分の分身としてのジン、言ってみれば不可視の世界のアルター・

エゴを持っていると考える信仰もある。そのジンは肉体を持ち――少なくともそう信じている人たちがいる――、人間の胎盤のなかに潜んでいるという。

フランスでは、汚染された血液製剤による薬害エイズ事件があって以降、産婦人科では胎盤を焼却している。アフリカ出身の母親のなかには、生まれた赤ん坊の分身を焼かれてしまうと感じる人もいるだろう。もちろん助産師としては、患者一人一人の信仰に合わせて仕事をするわけにもいかないが、そういう信仰があるのを知っておくことは重要で、あらかじめ分娩室で妊婦と話しあっておく必要があると思う。彼女たちにしても、胎盤を持ち帰って木の下に埋葬しようとまでは考えていないだろう。ただ、そのことについて話し合えれば、生まれたばかりの子が、その分身の霊に終生つきまとわれると心配せずにすむ。それだけでも気持ちは楽になるはずだ。

今、マラブー〔聖人、学識者〕や魔術師を名乗る人、あるいは祈禱師たちがどれくらいいるかはわからない。彼らは頼まれればジンと対話して、依頼人の人生を変えたり、成功や愛情、財産をもたらしたりできるという。しかし不可視の世界が力を持つのは、人がそこに力を認めるときだけだ。パラレルワールドから何らかのサインを受けとったと言う人がいたとしても、それが何なのかを明瞭に解き明かせる者などいない。心理学に関する学位も持たないような人間なら、なおさら無理だろう。私の患者が山師のような治療師に救いを求めようとするとき、あきらめさせるのにいつも私はこう質問する。あなたは無資格のパイロットが操縦する飛行機に乗ったりしないでしょ、じゃあどうして科学や医学の知識のない人の言うことに従ったりするの？コーランが暗唱できるからといって、それはなんら知の保証にはならないのだ。

第25章　ヴァギナとの対話

「キミの父さんは、どこの出身？」

そのとき私は十五歳だったと思う。両親は私を喜ばせようと、復活祭の休暇にあわせて二週間ばかりウアルザザートに住む叔母、アイシャのところに行かせてくれた。モロッコの南部を発見することになる一人旅だった。トランジットでカサブランカの空港に降り立つと、税関の職員は私が差し出したフランスのパスポートを見て、強い訛りで詰問するようにそう聞いてきた。
そこで今度はモロッコのパスポートを見せた。

「質問を聞いてなかったのか？　お父さんはいったいどこの出身だ？」

何のためにそんなことを聞くのかわからなかった。私の名はナディア。姓はエル・ブガ。
二重国籍者。少しも混乱を招くようなことじゃない……。

「父さんは中国人よ」

先代の王、ハッサン二世の時代だった。ジョークは通じなかった。

「からかってんのか？　ここはフランスじゃない、モロッコだぞ。冗談で済ませられると思ったら大間違いだ！」

　そう言うなり私のパスポートを脇に置いて、私には目もくれず、「次の人どうぞ」と合図した。

「ねえ聞いて。言っとくけど、もし乗継便に乗り遅れたら、あなたが困ることになるのよ。早くパスポートを返して！」

　彼は馬鹿にするように嫌味な笑いを浮かべた。私は引き下がらなかった。

「ちゃんと敬意を払ったじゃないの。名前を聞くから答えた。パスポートにも問題はない。だからもう返して。もう行かせて」

「今度来るときは、その生意気な態度を地中海の向こう側に置いてくるんだな。あっちじゃ口ばっかり達者になる」

　それは言い過ぎだった。私は礼儀を知らない子どもじゃない。でもこんな風に扱われることに慣れていなかった。

　知らずに、彼の罠にはまっていた。

「いいわ、パスポートを返したくないなら持ってなさいよ。あんたの名前はメモしたわ。父さんの友達がモロッコの領事館で働いてるから、覚悟しときなさい」

　脅しはうまくいった。相手はもったいぶった調子で書類を返してくれた。抜け目なく、「キミ」を「あなた」と言い換えながら、甘ったるく、しかも保護者ぶった調子で。

「お嬢さん、私はね、ちゃんと敬意を払っていた。興奮したのはあなたのほうだ」
私は勝った。でも彼と同じように権力のカードを切ってしまった。そう思うと自分が嫌でたまらなかった。愚かにも、彼にされたように彼を脅した私。モロッコの土を踏んだとたんに、汚職にただれたシステム、処世術、強者の論理に足を取られてしまった。彼はきっとこれを話のタネにするだろうと思うと、余計に癪《しゃく》だった。

このエピソードは北アフリカ人が「ホルガ」と呼ぶものをよく表わしている。侮蔑、軽蔑、中傷といった感情を表わし、フシュマとともに権力の第二の武器になっている。ホルガとはつまるところ、あらゆる言論の自由を窒息させる抑圧的な国家であり、家族に掟を強いる父権であり、女性を支配する男性のことだ。モロッコの空港に降り立つと、今でもよくこうした光景に出会う。それは軽やかな共和主義が、王政の重圧にぶつかるシーンだった。

このホルガという感情について、フランスの有名な報道記者で中東の専門家であるアルフレッド・ドゥ・モンテスキューが的確な分析を行なっている。二〇一二年度のアルベール・ロンドン賞にも輝いた彼は、その著書『ウンマ』（スイユ社、二〇一三年）のなかで、二〇一一年一月四日にチュニジアのベンナラスで焼身自殺することになる青年、モハメド・ブアジジが経験したホルガのさまざまな段階を語っている。若干二十七歳のこの青年が殉教者に祭り上げられたとすれば、チュニジア社会のあらゆる不幸を体現したからだとモンテスキューは説明する。

まず構造的なフラストレーションがある。父親が早くに亡くなり、高校卒業後は経済的理由から学業を続けられなくなった。そこに屈辱的な貧困が重なる。母は福祉に頼らざるをえず、青年は家族を養うために野菜や果物を売り歩かなければならなかった。そのうえ怒りを激化させる出来事が起きる。二〇一〇年十二月十七日、彼は警察に逮捕されたのだ。サディズムからか、金をせびるためなのか、警察は商売の許可を得ていない彼から秤《はかり》を奪い、罰金を科した。警察の圧力と汚職によってホルガはすでに第四段階だ。憤った青年は役所に行き、他に食べていく術がないのだと実情を訴えた。もしそこで受け入れられていたら……しかし役所では誰も取りあってくれなかった。とうとうホルガは第五段階にまで達する。もはや人間として扱われず、彼は存在しないも同然だった。これ以上堕ちることはない。そしてついに取り返しのつかない、恣意というホルガの第六段階に至る。今回はたまたま彼だったが、誰に起こっても不思議はなかった。

　モンテスキューの論理には非の打ちどころがない。たしかにモハメド・ブアジジはチュニジアに蔓延するホルガの象徴だった。しかしモロッコでもアルジェリアでも、もっと広げてアフリカのどこでも起きうることだった。ホルガの最終段階まで追い詰められ、我慢の限界に達した青年は手元のあり金でガソリンを一缶買った。その後どうなったかは、ご存じの通りだ。

　彼の悲劇的な死は世界中の涙を誘ったが、北アフリカはこの事件から何も学ばなかった。というのも二〇一六年十月、悲劇が繰り返される。今度はモロッコで、魚売りの青年、ムシーヌ・フィクリが禁漁に指定されたメカジキを売っていて警察に逮捕されたのだ。魚はすべて取りあげられ、ごみ収集車が処理にやってきた。すると絶望的になった青年は魚を取り戻そうとごみ収集車に飛びかかり、砕かれて死んでしまった。不思議なことに、この悲劇はチュニジア青年の悲劇より遙かに反響が少なかった。アラブの春が始まろうとしていたチュニジアでは当時すでに機能していなかった治安体制が、モロッコではいまだに盤石だったということだ。

北アフリカでは、ホルガは植民地時代に強化されている。生活の改善や精神の自由を教えるためと言って、植民者たちは日々の態度や行動についてああしろこうしろと押しつけ、結局のところ王や独裁者と同じようにふるまった。私たちの世代には、こうした抑圧の経験はない。犠牲になったのは親や祖父母の世代だ。彼らと話していると、よくホルガの語を耳にする。

「まったくホルガだ。郊外の団地、要するにゲットーに押し込められて社会の端っこで生きなきゃならない。わしらの親はフランスのために戦い、この国の発展のために尽くしたのに、一度だって感謝されたためしがない」

彼らはめったに「私の国」とは言わない。サッカーの試合でフランスチームがゴールを決めたときでさえ、三色旗ではなくモロッコやチュニジア、アルジェリアの国旗を振る。彼らが力いっぱい振っているのは彼ら自身の失望なのだ。どんなに辛いだろう。ここフランスでも、海の向こうの祖国でも、自分の居場所と感じられないなんて。彼らの中で祖国が理想化されるとすれば、ここフランスでの悲惨な現実を受け入れるためにほかならない。祖国での暮らしだって、ここよりマシというわけではないだろう。こうした世代を親に持つ子どもたちが社会から落ちこぼれ、同化に失敗するとき、その道にはたいていホルガの種が蒔《ま》かれている。

私の場合は幸運だったとしか言いようがない。生活は安定していたし、愛情豊かな両親を頼りにできた。多くの若者にとって不幸なのは、アイデンティティーに関わるホルガが、耐えがたいまでの愛情不足に結びついていることだ。その欠落が今、若者たちを極端に走らせ、過激化に向かわせている。彼らの多くは「人は我を恐れる、ゆえに我あり」といった父権的な図式に従い、そのことで家族は断絶し、恋愛はうまくいかず、ひどい夫婦生活に苦しむことになる。もちろん彼らはセクシュアリテや愛情についての教育などとは無縁に育っている。フランス共和国の冷ややかな行政文書には、自由、平等、友愛、批判精神、対話といった美辞麗句が並んでいるが、こうした若者にとっては偽善の言葉でしかない。

　手がかりの見えない霧のなかで、人はどうやってまっすぐに進めるだろう。解決の手立てはそう簡単には見つからないと、私も日々の診療で実感している。多くの男性が父権的な構造を、セクシュアリテを通じて再生産している。自分たち自身がその父権制の犠牲となってきたのに。あるいは攻撃的でポルノ的なセクシュアリテに向かう男性も少なくない。

　一方で、北アフリカ系の若い女性たちは、母親とは反対の人生を歩もうとする。自己主張をし、自分にふさわしいはずの地位を得ようとする。しかし代償は大きい。発言を抑えられ、恥をかかされ、承認を得られない年月を重ねるうち、やがてあきらめに支配される。男への復讐だと言って男性化したり、男女には異なる快楽があるのをわかろうとしない女性もいる。なかには、挿入されることやヴァギナという空っぽの性器を刺激することは弱みだと考える女性さえいる。そこで女性誌にはこんな証言があふれることになる。クリトリスでオルガスムに至るとき、ペニスの勃起のような力を感じ、男性が射精するとはこういうものなのかと男性に近づいた気がすると。セクソロークとしては異議がある。体全体を刺激すればより豊かな快楽が得られるのに、なぜ局所的な快楽に満足してしまうのだろう。

患者たちは同じ症状を示すことが多い。性欲がない、オルガスムが得られない……女性は男性のようにふるまうことで、不幸にも女性ならではの豊かな快楽からますます遠ざかっている。あらためてヴァギナに語らせよう。それも独り語りではなく、ヴァギナにふさわしい本物の美しい対話ができるように。

第26章　診療室6

診療室には、夫の性的妄想について相談にくる女性も多い。なかでも多いのがソドミズムだ。イスラムで禁じられているからだろう。

「コーランで禁じられているのは夫も知っています。でも何でもない風で、繰り返し試すんです。犬の交尾みたいな格好で、たしかにうまくいくし、私も、なんというか滑走するような感覚で。口には出しませんけど、夫が最後はそれをやりたいと思っているのがわかるんです」

妻たちが頑なに拒み続けると、夫は「禁じられた体位」にとり憑《つ》かれるようになる。コーランの禁止を破るという、後ろめたい欲望にとり憑かれるのだろうか。妻も最初は一歩も譲らないと心に決めて、うまく夫の性欲をコントロールする。けれど次第にウンザリし、ときには屈してしまうこともある。

私としては、あくまで合意の原則を説く。女性にも「ノン」という権利がある。当たり前のことなのに、女性はその権利を忘れがちだ。

「私は嫌！　ノンと言ったらノンなの！　と、きっぱり言います。でも夫が不満なのがわかるので、やっぱり私がいけないのかなあと……」

「それなら彼を驚かせてあげなさい。カーマ・スートラ〔古代インドの性愛の経典〕には六四もの体位があるのよ。きっと、あなた方夫婦にふさわしい体位が見つかるわ」

第27章　むかしむかし、生命は……

一九九五年、私は医学部の一年生になった。この年は、「ジュペ・プラン」〔財政悪化を理由に、アラン・ジュペ首相（当時）が進めようとした公務員の社会保障改革案〕に反対するストが国中で盛り上がり、秋口から停滞していた寒波とあいまって、フランスはほぼ麻痺状態になっていた。公共交通機関もストップしていたため、私はヴィレット〔パリ十九区〕からビシャ〔パリ十八区にある大学病院〕まで自転車通学をしていた。解剖学の教科書でパンパンになったリュックが肩に食い込み、凍《い》てつく風で顔が切れそうだったが、それでもなんとか凍りつかずにペダルを漕いだ。

そのひらめきが走ったのは、生物細胞学の授業の最中だった。新入生の誰もが頭を抱える例の「クエン酸回路」に取り組んでいたときのことだ。そのややこしい仕組みを説明しようとすれば、読者はうんざりしてしまうだろう。ごく簡単に言うなら、一連の複雑な生化学反応のことで、そこからエネルギーはじめさまざまなものが生み出される。私たちの身体は多数の細胞からできていて、その細胞のなかには多様な細胞小器官がある。その細胞小器官の一つであるミトコンドリアは、分裂と融合を繰り返してエネルギーを作り出す極小の発電所のようなもので、このミトコンドリアが作るエネルギーがなくてはどんな複雑な身体組織も動かない。

回路の説明はこれくらいにして話を元に戻そう。私は教授のか細い声に耳を傾け、人体の驚くべき姿を理解しようとしていた。それまで私は真面目な理系学生として、「どのように」と問うことで満足していた。生物はどのように機能するのか。エネルギーはどのように作られるのか。細胞はどのように新たな細胞に入れ替わるのか。ところがこの日、この授業の最中に、私は「なぜ」という途方もない世界に開かれたのだ。

そのときのことは、まるで自分が監督した映画のようにワンシーン、ワンシーンをはっきり覚えている。こんな具合だ。パリ第七大学の巨大な階段教室の、大勢の学生のなかにナディア・エル・ブガが埋もれている。そしてスライドで映し出されたクエン酸回路の図に恍惚《こうこつ》となっている。ドラッグやマリファナをやっているわけでもないのに、人工楽園に連れていかれたかのようだ。そしてその体はどんどん小さくなり、ついに顕微鏡でしか見られないほど小さくなると、人間の体のなかに潜り込んで隅々まで探検しはじめる。そう、私はプシになっていたのだ。子どもの頃にお気に入りだったテレビアニメ『むかしむかし、生命は……』の主人公、プシ。

今でも冒頭に流れたテーマソングが耳に焼きついている。よく知られたバッハの『トッカータとフーガ』を編曲したもので、その曲が流れるわずかの間に、恐竜の全盛期から人類が月面に初めて一歩を記すまでの進化の歴史が描かれた。パイプオルガンの荘厳な響きが聞こえはじめると、私はあわててドイツのグルンディッヒ社製の巨大なブラウン管の前にかぶりついた。当時はまだ白黒テレビで、我が家にフランス製のブラントのカラーテレビが入るのはかなり後のことだ。とにかく何を置いてもこれだけは一話たりとも見逃せなかった。八〇年代のフランスで、この公共放送局フランス3の看板番組を見入る子どもたちを邪魔する親はいなかった。

　アニメのなかでは、ひげを生やした先生が小学生たちに人間の体の仕組みを説明していたが、その先生が人間の脳を表わしていることはすぐにわかった。脳はなんと賢い先生なのだろう。さまざまな仕事を指揮し、なんでも知っていて、なんでも説明できた。生徒の誰かがうつらうつらしはじめると、それが探検旅行への合図になった。大腸や小腸に潜入し、赤血球や白血球、しぶといウイルスたちとすれ違う。私が好きだったのは、博愛的な血小板の軍隊が性質の悪い細菌をやっつけにくるシーンや、翅《はね》のある昆虫のような抗体が登場するシーンで、その抗体はシラノ・ド・ベルジュラック〔エドモン・ロスタンの戯曲中の人物〕のように大きな鼻をしていた。

　ひげのおじいさん先生が劣等生たちに質問を投げかけていると、ぬるぬるした液体がいきなり腸に流れ込んでくる。それは消化の時間だった。たいていは「間抜け」くんの「普通の」体を探検してまわったが、ときには太っちょの「ちびでぶ」君や、食べすぎ飲み過ぎ煙草好きの「ちんちくりん」さんの体内で何が起きているかを見に出かけることもあった。体内旅行から授業に戻ると、夢うつつだった生徒に先生が質問する。私はブラウン管のこちら側から正解を教えてあげたりした。一話一話は短すぎたので、見終えた後で私は何時間も父を質問攻めにした。

「ねえ、肝臓は本当にこんな風に働いてるの？　心臓が止まったら、どうなっちゃうの？」

　すると父の口から第二の物語が始まった。父は文学肌だったが、このときばかりは科学者に変貌した。
人間の体の隅々で一時も休まずに繰り広げられている化学的な反応や、とてつもない闘いを想像することにわくわくし、私は口を開けて番組に見入っていた。『むかしむかし、生命は……』のおかげで私は天職を発見した。人間の体内を二十五分で旅しながら、子どもたちは心臓病の専門医や神経科医、外科医になることを夢見ていたのだ。私がお医者さんごっこを始めたのもこの頃だった。聴診して処方箋を書く。紙を見つけては、手あたり次第にわけのわからない処方箋をいたずら書きしては満足していた。ブジェナ先生がこまごまと書きつけたカルテなど誰も判読できないことを知っていたから、それでよかったのだ。

十年後、学生であふれかえる医学部の階段教室で、私はあのアニメの体内旅行のようにミトコンドリアを想像していた。それは生命に欠かせない極小の発電所だった。そこまで極小の世界にズームアップすると、今度は逆にカメラを引いていく。原子から分子、肉体、私、さらに大学、パリ、フランス、ヨーロッパ、地球、宇宙まで。突然、これまで個別に学んできたことが一つの全体を作っていることに気づく。そして人間の体が複雑で精巧であるように、生命というものの全体もまた複雑で精巧なことを意識する。まだまだ学ばなければならないことがたくさんある。探求の道は始まったばかりだったが、この日を境に私は思春期に別れを告げた。私の思考に欠けていたものがわかったからだ。限りなく小さなものが限りなく大きなものに結びつき、どんな細部も、どんな人も、どんな瞬間も、生命の大きな連なりの一部として敬われるべきだということ。

この生命の探求のなかで、科学と精神性が合流する。こうして私は私自身の母体を見いだした。

第28章「子殺しに加担するの！」

それはモスクを出たときだった。見知らぬ女性が唐突に私を非難してきた。どうやらまた聞きのまた聞きで、私が病院の産婦人科で働く助産師であると知ったらしい。じつに直截《ちょくせつ》な物言いだった。

「あんたは中絶を認めるの？　妊婦に薬を飲ますの？」

突然のことでびっくりした。

「そうよ、どこがいけないの？」

「だって、子殺しに加担するってことでしょ、わかってるの？」

助産師の勉強をして自分なりに深く考えたし、周囲からもよく質問された。何度も文句をつけられ、今でも助産師の使命についてとやかく言われ続けている。敬虔なムスリムの助産師が、どうして中絶にやってくる患者に経口中絶薬を渡せるのか、と。「あなたの信仰と矛盾するんじゃないの？」という質問もひっきりなしに受けている。私の家族は一度もそんな質問をしたことはない。私と同じで、答えははっきりしているからだ。

「その命は私のものではないから」
非難を浴びせてきた女性に、私はそう答える。

私の仕事は女性たちの選択に寄りそうことだ。どんなときでも私自身の考えを患者に押し付けることはしない。中絶を望む女性が私のところにやってくるとき、その理由がなんであれ、辛くないわけがない。そのうえで自分の悩みに答えてくれそうな専門家に会いにくるのだ。ナディア・エル・ブガという私人に相談にくるのではない。聖なる教えの名で他者の代わりに考えようとするのは、三大一神教のとんでもない思い違いだ。

もちろん私はイスラムの教義を敬う。けれど教義は硬直したものではない。解釈があっての教義だ。ただ一つ確かなのは、私は神ではないということ。そして、どのようなことであれ判断するのは私ではない。そもそも神そのものが、人を裁くために存在するわけではないだろう。何をしようと、どのような出自だろうと、預言者は誰ひとり見捨てたりはしない。イスラムは人を見捨てることのないよう警告を発している。助産師としての私の使命は、なにより相手に敬意をはらい、本人の自己決定権をまっとうできるよう寄りそうことだ。言葉をもてあそんでいるとか、「それ」に立ち会わないですむ条項が聖典にあるのに知らないふりをしていると言って、私を非難する人もいる。たしかにそのような条項はある。しかしその条項は私の使命の根本と相いれない。

中絶に立ち会うことは、中絶を助長することだと考える人がいる。私は何も助長などしていない。

患者は私のところに来る前にたいてい四人の専門家を訪ねている。自分の選択を後悔したくないからだ。まず婦人科医、ついで家族計画コンサルタント、心理カウンセラー、そして私と同じような助産師。だから私のところに来るときにはすでに本人の意志は固まっている。私にできることは、私の職業的使命を遂行すること。つまり、最善を尽くして患者に寄りそうことだけだ。

人工中絶薬であるＩＶＧを避妊のために用いる女性がいないわけではないが、ほんの一握りにすぎない。ほとんどの場合、夫婦関係や社会的な状況、とりわけ経済的な理由で子どもを産むことができずにＩＶＧを服用する。私は匿名での出産も何度か介助してきたたし、中絶についても普通に語る。中絶する女性たちの多くは、自分の子が悪条件のなかで生まれ育つ苦労をしないで済むよう、魂がつぶれる思いで決断している。そして生まれてくることができなかった子のために、手紙を書いたり、ぬいぐるみをそばに置いたりして記憶にとどめようとする人もいれば、あえて痕跡を残すまいと努める人もいる。

中絶に立ち会っている間も、私は患者と話しつづける。中絶の理由について、その赤ちゃんが生きられたかもしれない最高の人生について。そして尋ねる。その子を見たいか、腕に抱きたいか、二人だけになってその子に何か話をしたいかと。そんなときは、あえてこまごまとした医療的な決まりごとに集中していなければ、涙がこぼれてしまう。引き裂かれるような愛の告白や、途方もない苦しみの言葉を耳にしてきた。ほとんどの女性が、あなたを見捨てたりしない、とささやいていた。

こうした辛い瞬間を、私は助産師として母として自分の身で感じてきた。患者たちは産み、私がその命を受け取る。患者たちが置かれた状況を考えて、それが最良の行為となるように。どんな場合でも、助産師である私がいなければ中絶は行なえないから、私はこの出来事の証人でもある。彼女たちがこの困難なときを乗り越えられるように、まさにその瞬間に、私は彼女たちのかたわらにいることを求められているように思う。

モロッコでは中絶は社会的に認められていないし、同情されることもない。だから今でも生まれたばかりの子がごみ箱から発見される。その子たちが命を取りとめれば「私生児」になり、母親は「ふしだらな女」と呼ばれる。ヒューマニズムはどこにあるのだろう。イスラムは私たちにそんなことをさせたいのだろうか。もしそうなら、それは私が信じるイスラムではない。

第29章　イスラムの啓蒙主義

ある場所に一目惚れする、なんてことがあるだろうか。笑われるかもしれないが、パリのジベール・ジュンヌ古書店のエゾテリスムのコーナーに入ったとたん、私におきたことだ。医学部の学生だった頃、稀少本を探してよくカルチェ・ラタン〔大学発祥の地で、今も教育・研究機関が多い地区〕を歩きまわった。界隈をぶらつくのが好きで、その日は宗教に関する本を探し歩いていた。そしてサン・ミッシェル河岸二十三番地の古書店の前で、私は釘付けになった。とりたててどうということもない古本屋だが、私には知と精神の殿堂に思えた。

どこまでも続く書棚、日焼けした古本特有の匂い、しんと静まりかえるなかにギシギシと鳴る寄木の床。そのすべてに心を奪われた。「エゾテリスム」の語が目に入り、その語感から異端的な宗教運動か、あるいは一握りの専門家のための秘教の教えだろうと想像した。とはいえ普通に店に入れたのだから、さほど閉鎖的な世界ではないはずだった。後に常連になってわかったが、この店には何時間でもいられた。メモをとり、手帳に神秘的な引用を書き込む人もいれば、最初から最後まで何冊もむさぼり読んでいる人もいた。静寂を乱す人はなく、よそにはない静けさが支配していた。

私はここでペルシアの偉大な神秘家アル・ガザリを知り、穏健派のイスラムを知った。それは原理主義、ワッハブ主義、反啓蒙主義が生まれる前の、開かれたイスラムだった。アンダルシアで花開いたイスラムの啓蒙主義や詩歌を発見し、忍耐、感謝、瞑想の大切さを知った。やみくもに過激派を恐れることなく、天国か地獄かといった二元論的な信仰に流されないことが大切だとも知った。

裏表紙に書かれている解説を読み、エキゾチックなタイトルや、どう発音するかもわからない著者の名を前にして目を見張った。そうこうするうち偶然にペルシアの詩人ファリッド・アル＝ダン・アッタールとその有名な著作『鳥の言葉』を発見し、論争の的になったモーリス・ビュカイユ〔一九二〇～一九九八年。サウジアラビアのファイサル国王の侍医となったフランス人医師。コーランを近代科学に則した聖典とみなす一方で、ユダヤ・キリスト教の聖書を非科学的と解釈し、批判を浴びた〕や、ルネ・ゲノン〔一八八六～一九五一年。フランスの思想家〕の形而上学、旋舞教団〔スーフィズムに属すメヴレヴィ教団。白いロングスカートを履いた信者が回転しながら踊り、トランス状態に至る儀式から、旋舞教団と呼ばれる〕の創設者ジャラール・アル＝ディン・ルーミーの魅惑的な物語に出会うことになった。また、『普遍的な歴史に関する言説』の著者であり、――今では忘れ去られているが――社会学の先駆者のひとりでもある偉人イブン・ハルドゥン〔一三三二～一四〇六年〕も発見した。古代ギリシアの文献の大半も、こうしたムスリムの啓蒙思想家たちがいなければ後世に伝えられなかったということも知った。

初期のスーフィズムは社会に溶け込み、社会が抱える困難や問題を共有し、その精神性は現実に根差していた。信徒は郵便配達夫であり、パン屋であり、数学者であり、法学者だった。今、私たちに伝わっているイスラムがいかにサウジアラビアや中東の国々によって変質させられ、反動化しているかも痛感させられた。それは私が読みたいと思う、開かれたイスラムからは遠かった。

二十代の頃は疑問だらけだった。なぜムスリムは一日に五回お祈りをしなければならないのだろう。さまざまな宗派の違いはどこからくるのだろう。独裁、抑圧、堕落が支配するモロッコという国と文化にルーツをもつ私は、哀れなアラブ・ベルベルの迷える少女にすぎないのだろうか。両親はそうしたイメージとは別のものを授けてくれた。もっと純粋で、もっと光に満ち、もっと普遍的なもの。それはアル・ガザリが大空を舞う鳥の羽になぞらえた完璧な調和だった。

アラビア語ではスーフィズムのことをタサッウフと言い、「手ほどきの道」を意味している。イスラムにおけるスーフィズムは、人の生死を左右する心臓のようなものだ。スーフィズムの本から私が学んだのは、目的達成よりその過程が大切であること。そして精神的な手ほどきは緩やかになされ、目的は決して手段を正当化しないことだった。ハディースには「自分の魂を知る者は神を知る」とある。魂を知ることは高山を歩くのに似ていて、頂上へは一気に到達できない。まず自我を飼いならし、ガイドを受け容れ、一歩一歩進む。スーフィズムで言えば、それはいくつもの「駅」にあたる。神への回帰（タウバ）、希望（リジャ）、神への信頼（タワックル）、魂の力と忍耐（サブル）、誠実（イクラス）、施行と行動の真実性（シドゥク）、美しい行動（クルク）、神の愛が人間にもたらす効果（マハバ）。スーフィズムの語彙を使うなら、高みにある頂上はエクスタシーだ。

サン・ミシェル河岸の古書店から出るときは、いつも頭のなかが引っ掻き回されていた。なにかしらヒントが得られるのではないかと、その頃、宗派の異なるいくつものモスクを訪ね歩いたりもした。思春期の反抗心から、あるいはアイデンティティーを求めて、私はスーフィズムのモスクや、まだ名もない別の宗派のモスクで、サラフィスト〔初期イスラムの時代（サラフ）への回帰を謳う宗派〕やジャマート・タブリーグ[*1]に交じって礼拝をした。過激派とともに断食をし、女性蔑視のイマムとも親交を持ったが、やはり彼らの思想は受け入れられなかった。

*1 「正統イスラム」を説く学者に支持された宗派。多国籍の使節団が戸別訪問（アル・ジャヴラ）を行ない、タブリーグ（宣言）に込めた考えを広めた。

母の知り合いの家に食事に招かれ、ある女性にも出会った。彼女は何人かと隅のほうに座り、精神性や正義について話をしていた。そして話し終えると、自宅で開いているという瞑想の会に参加しないかと誘いかけてきた。はじめは好奇心で出かけたが、すぐに彼女が「正義と善意」のメンバーだとわかった。「正義と善意」とはモロッコで生まれたスーフィー派の反王政運動だ。ここフランスでいったいどんな政治活動をするつもりなのだろうか。日和見主義者はいつでも宗教を利用する。ほどなくして、その瞑想の会には行かなくなってしまった。

そうこうするうちに私は孤独な探求者ではなくなった。もう二度と会うこともないこの女性の家で、後に夫となる男性に出会ったのだ。彼の名はジャマル・エディーヌ。アラビア語で「宗教の高貴」を意味していた。縁を感じてもよさそうな名前だったが、出会ったのは一九九九年のことで、私は二十二歳。結婚などまったく眼中になかった。

当たり前のことだが、何事も予定通りには運ばない。私は父に断言していたのだ——なぜかはわからないが——モロッコ人とは結婚しないと。父は今でも笑う。「お前はよく言っていた。〝北アフリカの田舎もん〟なんて嫌だ、ってな。それがどうだ、アガディールの男を連れてくるとは！」。彼はとても魅力的な人だったが、一目惚れというわけではなかった。私は用心深いたちで、会ったばかりの人をすぐに信用したりしない。それに神に一生を捧げようと決意するなら、独身を守るしかないとも考えていた。

彼とは何でもよく話し、少しずつ納得していった。セクシュアリテと神秘思想は両立しない、などということはもちろんなかった。それどころか、セクシュアリテは神秘思想の理解を助けてくれた。私は彼の言葉に魅了された。自分で感じてはいてもうまく表現できないことを、彼は的確な言葉にして説明してくれた。こうして私は不可能と思っていたことを手にした。見者であり、霊感に優れ、フェミニストでもあるムスリムの男性に出会えたのだ。これはメクトゥブ[1]なのだろうか。

[1] あらかじめ運命づけられていること。

二人の関係はゆっくりと進展したが、コーランを訳し直すという途方もない考えには二人ともすぐに虜になった。イスラム歴の四世紀[*1]以降はぴたりと閉じてしまったイジュティハード[*2]の扉を再び開いてみたかったのだ。当時は存在しなかった科学——心理学や性科学など——を手がかりにすれば、私たちは聖典からもっと多くのことを学べるはずで、アラブ・イスラムの世界は必ずしも時代にとり残されてしまったわけではない。コーランを字義通りに読んだのでは、日常生活の問題すべてには答えられないと学者たちはすでに八世紀から理解していた。コーランの再解釈がどれほど大変な仕事かはわかっている。それでも私たちなりにやってみたい。父権的で古臭い解釈を脱構築し、神のメッセージの核心を再発見したいのだ。それというのもムスリムの人々に自分たちの聖典理解を問い直してほしい、言ってみれば自己批判をしてほしいからだった。ムスリム社会で尊敬されている多くの思想家にとって、聖典の再解釈は今もなお冒瀆であり、ありえないこととみなされている。けれど私たちは、それこそが真の使命だと考えている。

[*1] 西暦十世紀頃。

[*2] ムスリムの法学者が、イスラムの基本聖典を解釈するため省察に努めること。

二〇〇八年にメッカに巡礼したことで、私たちの意思はさらに固まった。巡礼を準備するために読んだ書物はみな教条的で、儀式や身振りの細部にばかりこだわっていた。キリスト教徒の友人に話すと、彼らもさまざまな秘跡〔洗礼、結婚など〕の準備に同じことを感じていた。礼服の支度、典礼の細則、賛美歌、その他あれやこれやに注意を払って完璧に準備しようとすると、本質が見えなくなってしまう。礼服が白だろうが黄色や緑だろうがどうでもいい。大切なのは儀式にどんな意味があるかだと思う。

信徒たちが四角く黒い構造物であるカーバ[1]の回りを何も考えずに七周することを、神は本当に求めているのだろうか。私は疑問に思う。そのカーバを左に見て、群衆は左から右へと渦巻くように回る。まるで電子が核の周りを、月が地球の周りを、地球が太陽の周りを回転するように。何千人もの信徒を同じ方向に規則正しく回らせながら、神は私たちを神自身との、言葉を変えれば永遠との完璧な一体へと導いていく。しかし、その象徴的な意味をどれだけの信者が理解しているだろうか。メッカでの体験が、私たちにあらためてコーラン再解釈の使命を実感させてくれた。

[1] メッカの中心にある神殿。

儀式の過程で、信徒たちは三体の石柱に投石することになっている。その行為には悪魔との交わりを絶ち、私たち自身のなかにある悪を遠ざけるという象徴的な意味が込められている。石を投げるときは誰一人傷つけてはならないと、聖典は具体的に記している。つまり暴力性は後に加えられた解釈ということだ。石を投げるという行為の背後に隠された深い象徴性を理解しないなら、行為の意味は簡単に歪曲され、他者への敵愾心《てきがいしん》として解釈されてしまう。今こそムスリムは目を覚まし、イスラム文明を築いてきた価値が荒らさるのを食い止めなければならない。それこそがタサッウフだ。

私たちが今生きている世界に合わせて聖典を理解し直し、愛を伝えること。

スーフィズムではよく心を鏡に例える。そこに神が映るのを見たいなら、いつでもきれいに手入れをしておかなければならない。

第30章　コーランは快楽への呼びかけ

何世紀にもわたる伝統的な解釈に反して、じつはコーランはセクシュアリテについてもきちんと語っている。その言葉遣いには、過度な恥じらいもない。

私がモスクで講和するとき、信者たちがどれほど私の言葉に驚くことか。しかし私は勝手な作り話をしているわけではなく、すべて聖典に書かれていることなのだ。

そう、イスラムでは欲望も快楽も認められている。

正しいことを勇気づけ、不正から遠ざけるためでもあるが、性の営みが精神性を高め、神に近づけさせてくれること示すためでもある。

講演の後で、聖典に書かれた女性の快楽についてよく質問を受ける。ある六十代の女性のことは今も忘れられない。彼女は多くの女性たちと同じように、夫の性欲に従わなければ妻の務めに反すると思いこんでいた。義務にそむけば妻として失格であるばかりか、神に見捨てられてしまうとまで考えていた。そしてこう打ち明けてくれた。

「わかりますか、私はずっと夫との性生活が嫌でたまらなかったのです。長く苦しい試練でした。でもあなたの講演を聞いてわかったのです。私自身を置いてきぼりにしてしまったということが」

そうは言っても、イスラムでもセクシュアリテについてある種の条件、というより枠組みを設けている。ユニオンという枠組みだが、これは結婚のことではない。なぜなら結婚はキリスト教における秘跡の一つだが、イスラムにはそうした秘跡は存在しないからだ。ユニオンに制約があるとすれば、唯一無二の契約という考えであって、必然的に貞操が求められる。アラブ人同士のカップルでもあえて結婚せずに共に暮らすことを望むような時代に、そうした考えは古臭く見えるかもしれない。たしかに結婚を決意するのは簡単ではない。私たちが生きる社会では、何でも自分でコントロールし、どんなことでも最良の選択をするよう教えこまれてきたから、商品を選ぶように求婚者を秤にかけ、その人以上の候補者は他にいないと自分を納得させなければならないのだ。

どうして私たちの社会は選ぶことができなくなってしまったのだろう。どうして、他の選択肢の可能性をあきらめることができなくなってしまったのだろう。良いか悪いかは別として、興味深い問題ではある。

さて、ユニオンという枠の外では純潔でなければならないと言ったが、ここで注意してほしいのは、純潔は女性だけでなく男性にも同じように求められていることだ。ところが現実はどうだろう。長い間、コーランが説く男女平等にはほど遠かった。母親たちが息子についておしゃべりしているのを聞けばよくわかる。

「男は女と同じってわけにはいかない。経験しておかないとね」

若い娘たちは結婚まで処女でいなければならず、その掟を破れば一方的に離婚される恐れもある。ところが男性のほうは規則を破っても涼しい顔をしている。母親たちは男の生理まで持ち出して、こう言いつのる。

「女と違って、男の性欲というのは抑えがたいものだから」

性科学的にはまったく誤った考えだが、男性の性欲についてのこうした固定観念が今でも幅を利かせている。

イスラムはセクシュアリテについてフシュマと言って糾弾するどころか、鼓舞してさえいる。十五世紀の偉大な学者、アル・スユティはそのエロティスム研究の十二の概論――イスラム研究に欠かせない文献でもある――において、男と女、性愛や肉体もすべて神の創造物である以上、気高いものだと強調している。スユティによれば、不純で汚らわしいと言ってタブー視したり、肉体の快楽を嫌悪したりすることは不当である。あるハディースには、預言者ムハンマドの同伴者たちが性的関係について訊《たず》ねたエピソードが綴られている。ムハンマドはこう答えた。

「あなたたちが行なう性行為は、施しの一つである」

すると、そこにいた一人が遮るように言った。

「では我々が性欲を満たすとき、褒美《ほうび》をもらえますか？」

ムハンマドは詳らかにした。

「もし不正なやり方で行なえば罪となるだろう。正当に行なわれれば報われるだろう」

コーランの再解釈を夫と企画したことで、これらのハディースや詩節を原文のアラビア語で読み、どれほど巧緻な文章でつづられているかを発見できるのが、なによりの喜びだ。

施し（サダカ）と報い（ハッサナト）はイスラムでは崇拝の行為である。サダカはムスリムにとって五行、つまり五つの義務の一つで、意図が重視される。誰に与えるのか、なぜ与えるのか、何をどのように与えるのか、どのような状況で与えるのか。そうした根本的な問いによって意図が明らかになる。先にあげたハディースでサダカが語られるのも決して偶然ではない。体を張るということは軽々しい行為ではない。神はここでセクシュアリテの本質を喚起している。つまりセクシュアリテとは自分自身を知り、自分自身に贈与を行ない、それから他者に与え、他者を幸福にしようとすること、そうやって感謝《ルコネッサンス》（ハッサナト）を得るということだと。もしその感謝が共に生まれる《コ・ネッサンス》こと、二人で生まれることでないなら、セクシュアリテに何の意味があるだろう。性の営みに身を投じることはつまり、施しと報いという二つの善行に通じているのである。

タブーばかり口にし、コーランのメッセージの本質を見失わせている教条的な学者たちは、当然ながらセクシュアリテを語るのにこうした語彙は用いない。しかし預言者ムハンマドがここで示しているのは、性の営みが精神性に結びついていること、そして神に近づくのはとりわけ肉体を通してであるということだ。これはすでに十一世紀、スーフィズムの偉大な学者アル・ガザリがその著書『イスラム学の再生』のなかの「結婚の書簡詩」という章で書いている。アル・

ガザリにとって快楽とは楽園だけに許された悦楽の前ぶれであり、神への崇拝を後押しするものだ。性の営みは非難されないどころか、絶対者との絆を作るものとして奨励されている。私もモスクで講話を行なう際にしばしば引用するが、それは祈りの原理そのものだ。意図の概念はセクシュアリテにも信仰生活にも共通する。与えたり受け取ったり、望みを満たしたり、もてなしたりするのに良いコンディションを作ることが大切で、性行為は思いつきで相手にとびかかるようなものではない。自分自身の心を整え、相手にも心の準備をしてもらう。禊《みそぎ》はその準備だ。水が象徴する浄化とは欲望の高まりでもある。準備がぞんざいなら、関係もまたそれだけのものになってしまう。肉体と精神の官能をなおざりにしていては、素晴らしい挿入など期待できない。祈りもまた肉体に関わっている。身体を洗い清め、ひれ伏す。セクシュアリテでも祈りでも、絶対的なものを探し求める旅を可能にしているのは肉体だ。

私たち夫婦は、結婚前は性関係を持たなかった。二人とも敬虔な信徒で、恋人になり、結婚を選び、互いに人生の最後まで寄りそい、裏切らないと決めた。この約束にはどんな意味があるだろう。神はなぜ、何のために、二人でユニオンになることを求めるのだろうか。人類を存続させるためだろうか。しかしコーランはセクシュアリテを生殖の意味ではいっさい用いていない。夫婦関係や性生活において互いを発見しながら、私と夫はすぐに理解した。大半のムスリムと同じように、私たちも聖典を愚かにも教条的に理解していたことを。より偉大で、より強いものがあったのだ。コーランをより深く学ぶことで私たちは覚醒した。預言者ムハンマドは祈りのなかで、根本的な概念であるクシュについて語っている。「神の前にある境地」とでも訳せるだろうか。それは物理的にはこの世にあり、精神的には神に結ばれている状態だ。仏教で言うところの「涅槃」、つまり宇宙と完璧に一体となり、肉体的にも精神的にも解脱するということ。預言者ムハンマドの同伴者の一人が矢を射られたとき、人々は彼が祈りによってクシュの状態になるのを待ち、矢を引き抜いた。クシュの状態では、痛みも何も感じないからだ。

当時、私はまだセクソローグになっていなかったが、関心を持ちはじめていた。そしてすぐに、「クシュ」とはオルガスムそのものであることがわかった。そのとき二人はすべてから解き放たれながら、肉体は官能的なダンスを続け、魂は神に近づく。

もちろん、セクシュアリテのこのような定義を良しとしない聖典解釈もある。欲望、とりわけ女性の性欲は疑わしいもので、イスラムでは厳しく禁じられていると規定するような解釈さえある。しかし、それではコーラン十二章の全体をどう考えればよいのだろう。この章ではヨセフに魅了されたズレイカの物語が語られる。ヨセフには十一人の兄弟がいるが、この兄弟たちは、父ヤコブがヨセフにばかり愛情を注ぐのを妬み、ヨセフを井戸に隠して死んだことにする。最愛の息子が亡くなったと知らされた父は、涙も枯れて失明してしまう。ユダヤ教とキリスト教の聖書にも同じ物語があるが、コーランではさらにこう展開する。ヨセフは奴隷商人たちに助け出されてエジプトの宰相の家に売られ、その妻ズレイハのために働くことになる。

「さて、家にヨセフを受け入れたズレイハは、彼を誘惑しようとしてすべての扉を閉めて言った。『さあ、こっちへ来て。私はあなたのものよ』。するとヨセフは叫んだ。『神よ、お守りください！ 私を寛大に扱ってくれたご主人さまを裏切ることはできません。裏切り者は決して幸福にはなれませんから』。しかしズレイハはヨセフにすっかり魅了されていた。ヨセフのほうも、神の徴《しるし》に照らされることがなかったなら彼女を欲していただろう」

身を焦がすような女性の欲望を描いたこの詩句は、信者たち――親も子も――に礼拝を促すため、ラマダンの最中でもモスクで声も高らかに朗誦されている。

ところで、物事は必ずしも私たちが信じこまされているような二元論では割り切れない。正しいか正しくないか。白か黒か。ハラルかハラムか。とりわけ解釈となるとより柔軟なものだ。「雌牛」の章も好い例だろう。今でも以下のような誤訳が流布している。

「お前たちの妻は耕作地のようなものだ。好きなように耕しに行け」

当然のことながら、直訳されたこの詩句はフェミニストの間で論争の的となった。

しかし時代背景を考えてみよう。それはヒジュラ、つまりメッカからメディナへのムスリムの大移動の時代で、それまで交わりのなかったメッカ人とメディナ人が結婚するようになる時期だ。そうした結婚が増えるにつれ、メッカにおいては男たちが「後背位」を好んでいたことが明らかになる。しかしメディナでは、四つん這いになった女性の背後から男性が膝をついて行なう後背位は固く禁じられていた。というのもメディナには大勢のユダヤ人が住んでいたが、彼らの間では後背位で出来た子どもは斜視になると古くから信じられ、それが宗教を超えてすべての住民に浸透していたためだ。そこでメッカの男と結婚したメディナの女たちは、夫が後背位を好むのを知ると反乱を起こした。集団で預言者ムハンマドに訴えに行ったのだ。

ちょっと想像してほしい。現代のアラブ圏で、女性たちが具体的な体位のことで学識者に相談に行くということを。フシュマがあまりに力を持ってしまった今では、そんなシーンはまず想像できないだろう。しかし、それが実際に起きたことだ。そしてこの詩句こそ、神から夫たちに宛てられた返事だった。ここで「耕作地」と訳されているハルスの語義は極めてポジティブなもので、「生命の源」「大地」「豊穣」を意味している。長年受け入れられてきた翻訳より遙かに正確に、アスマ・ラムラベは次のように翻訳している

「お前たちの妻はお前たちの生命と豊かさの泉である。さあ、その泉へ何ものにも拘束されることなく行くがよい」

言外にはこう言っているのではないだろうか。信仰や迷信から解き放たれ、フラストレーションから抜け出し、お前たちの心と体の自由を受け入れよ。

アナルセックスを除けば、イスラムではすべてが許されている。ラマダンの間、日中に性的関係を持つことも、月経中に膣に挿入することも含めてだ。コーラン第二四章の一六五節では、

他の一神教と同様に同性愛を禁じている。しかし、ムスリムがしばしば忘れているのは、行為と人間とを分けて考えることだ。それを混同するために、同性愛者への嫌悪や憎悪が生まれている。しかし性の傾向によって人を裁いたり糾弾したりすることなど誰にもできないはずだ。

セクシュアリテに関して、コーランのなかで最も美しい文章は、間違いなく第二章の服装についての詩句だろう。

「ラマダンの夜に、妻と関係を持つことは許されている。女は男の服であり、男は女の服である。お前たちが密かに関係をもっていたことを神は知り、赦したもうた。いま妻たちと接触し、それから神がお前たちのためを思って命じたことを探し求めよ。夜が明けるまでは飲み、食べ、陽が上っている間はラマダンをまっとうせよ。ただし、モスクで精神修養を行なう間は妻との接触を慎め。それが神の課す制限である。妻に近づいて規律を破ってはならない。こうして神は、男たちに敬虔になるようにと教えを説く」

この詩句が啓示された状況を知らずに読めば、面白みを感じられなくても無理はないだろう。預言者ムハンマドの時代は、ラマダンの一か月間は完全な禁欲の月だった。性欲を鎮めるために規則を破ったムハンマドの同伴者たちは、文句を言いにムハンマドを訪ね、このような命令は非人間的だと告発した。そのような時代だったのだ。

この詩句で、神はセクシュアリテを比喩的に語っている——そもそもアラビア語の原文ではきわめて詩的な語彙が選ばれている——が、それでも最初に基本的なことを明らかにしている。つまり、男女が互いの服だと示すことで、男女の平等を語っているのだ。

それにしても男女の関係を服に例えるのは、なんと素晴らしい比喩だろう。服はその機能、性質、色、素材、厚み、手入れや傷みを同時に表わしている。まず体を守り、包み、敬う働きがある。ただし体を締めつけすぎてはいけない。愛する者との距離のように、服はほどよくフィットして厚すぎず薄すぎず、軽すぎず温かすぎず。もちろん手入れを怠ってはならない。「妻たちと接触せよ」という具体的な言葉は、アラビア語ではムバシャラと書かれている。語られているのは性交や挿入ではなく、性的関係、肌と肌の触れ合いだ。バシャールは人類や人間性、バシラは肌、ブシュラは良い知らせを意味し、別の派生語であるアルブシュラは「歓喜」を表わしている。

イスラムは男性の欲望の強さを考慮しながらも、女性が性的な満足を得る権利についても忘れていない。だからこそ預言者ムハンマドは、日中は断食し、夜は祈りに身を捧げるアブド・アラー・イブン・アムルのような同伴者たちの一人にこう語りかけたのだ。

「お前の体はお前に要求する権利があるが、お前の妻もまたお前に要求する権利を持っている」

イスラムでは、男性が自分の性欲を満たすことだけに集中し、妻の満足をおろそかにすることのないよう特に注意を促している。

「動物がするように妻にとびかかるようなことをしてはならない。お前たちのなかに、使者が存在することを願う」

そこでムハンマドの同伴者たちは尋ねた。

「使者とは、神の使者のことですか」

預言者は答えた。

「抱き合うことと語ることである」

ムハンマドはまた「男性の三つの無力」を口にする。

「妻に近づき、話しかける前に敬意を示し、自分が快くなる前に称えること」

スーフィー派の詩人で、コーランの解釈者であるアル・ガザリはさらに一歩進んで言う。

> 男性はひとたび自分の快楽を満たしたら、妻が同じように満たされるまで辛抱強く待たなければならない。女性がオルガスムに達するには時間がかかる。もし男性が中断するようなことがあれば、女性の欲求不満は一〇倍にも膨らみ、お前の過ちとなるだろう。同時にオルガスムに達せないなら、どれほど長くとも男性はこらえなければならない。同時に達することで女性の快楽は増すからである。男性が自分のことだけ考え、妻に関心を払わないのは、妻が慎み深く何も口にしないからかもしれない。

イスラムにおいて、女性の性欲、興奮、快楽は認められているだけでなく、好ましいものとみなされている。そして男性は、相手が満たされているかどうかに気を配らなければならない。

第31章　診療室7

無限に可能な組み合わせを、もっと開拓すべきなのだろうか。性関係がルーティンに陥っていることを理由に診療室を訪れる夫婦は多い。最もわかりやすい受診のパターンだ。妻は正常位にあきあきし、夫は努力しようとするものの想像力が足りない。何回か診療を重ね、いくつかのバリエーションやアイデアを示すと、すぐにやり方は変わる。

しかし信仰というものは手ごわい。ある女性の患者から、夫の精液を飲んだら妊娠してしまうのではないでしょうかと真顔で聞かれたときには、正直言って笑いをこらえるのに苦労した。固定観念は言わずもがなだ。例えばムスリムは後背位を嫌がるとよく言われるが、それは前の章でも書いたように、後背位による性交で生まれた子は斜視になると古くから信じられてきたからだ。この迷信はその後、フェミニストの論理にとって代わられた。

「女が四つん這いになり、夫に従属する姿勢になって夫のリードに任せるってことでしょ？それが性の解放なの？」

後背位でも申し分なく能動的になれることを私は説明する。骨盤を振り子のようにうまく動かせば、相手の性器をとらえ、刺激し、リズムをコントロールすることができるのだ。

必ずしも行為の間ずっと相手の顔を見ている必要はないだろうし、人間の性は動物的な支配と被支配の関係を超えられるはずだ。

「そうは言っても……」

「そんなのは無理」

そう言う患者たちに、私は助言する。頭で考えるより、今この時に身をゆだねましょう。自分たちの姿を客観的に眺めたところで、何の役にも立ちませんよ、と。

「勇壮にヘクトールに馬乗りになったというアンドロマケをお手本にする必要はありません〔古代ギリシアの詩人ホメロスによれば、アンドロマケは夫のヘクトールに馬乗りになって性愛を楽しんだ〕。神話や既成概念にとらわれず、自分たちに向いた体位を見つけ、自分たちなりの方法を作り上げればいいんです。要は、楽しむことです」

第32章　私が見なくてすむように、スカーフを隠しなさい

「このミリアムの書類をご覧なさい。モロッコ生まれの彼女はスカーフを被っていない。なのに、ナディア、きみはパリ生まれなのにスカーフを被っている。問題があることはわかるね」

私は結婚して数か月後、ポワチエに住む夫の元に引っ越した。夫はそこでエンジニアとして働きはじめていた。私は助産師学校に入学するため、まずは受験準備クラスに申請を出し、受理されるのを待っていたのだが、その結果が出る前に、思いもよらず校長から直々に呼び出されることになった。どうやら私が申請書類に付けた写真にとまどっているらしい。私は素知らぬふりをした。

「アラブの国から来たミリアムがスカーフを被るならまだしも」

「それは固定観念だと思われませんか。現実はもう少し複雑です。よろしければ説明させていただけませんか」

「ぜひお願いします。そのためにお呼びしたのですから」

校長は最初からスカーフ着用を好ましくないと言っていたので、説得しようとしても無駄

だった。私は私で、考えははっきりしている。だから校長室で二時間も話していたのは、相手の意見を変えさせるためではなく、互いの考えを知るためだった。校長は開かれた精神の持ち主で、気に入らない写真に拘泥するよりも、実際に私に会ってスカーフを被る動機を聞こうとしてくれた。結局、申請は受理され、学年末には助産師学校を受験して無事合格できた。一回の受験で合格したのはクラスのなかで私ともう一人だけだった。私を受け入れてくれた校長には感謝してもしきれない。

　そもそもスカーフはイスラムの教義にとっても信仰にとっても、さほど重要な位置を占めていない。スカーフの着用を正当化するためによく引き合いに出される聖典の二つの節は厳格な服装既定ではなく、女性の肉体や精神についてのある種の態度や倫理を推奨しているにすぎない。そう説明すると、よくこう訊かれる。

「コーランが求めてもいないのに、なぜあなたは被らされてるの？」

　些細だが重要なことがある。私はスカーフを被らされているのではなく、自分の意思で被っているのだ。たしかにサウジアラビアの女性たちは被らされている。それは命令であって、男たちは女性が頭を覆わないで外出するのを許さない。私は違う。自分の意志で選択したことだ。私にとってスカーフは信仰の道具の一つで、いつでも脱ぐことはできる。助産師学校でも、女性の校長は校内でのスカーフ着用を認めてくれた。「ただし病院では被らないように。それは交渉の余地なしよ」と言って。それは当然だと思う。

　フランスでは公共サービスの場ではライシテ〔非宗教性〕が原則で、私もそれを疑ったことはない。

病院に一〇年間勤めていたときも、公務員として病院内ではスカーフを脱いで働いた。それを問題と感じたことは一度もない。すると同僚の何人かは不思議がって訊いてきた。

「病院内で被らなくても平気なのに、なぜ病院を出たら被るの？」

そんな風に質問するのは、スカーフを隠れ蓑のようなものと思っているからだろう。私がスカーフを被るのは、他者の視線から自分を守るためではない。もっぱら自分自身のため、神と直に接するためだ。

思春期の頃は外見ばかり気にしていた。腰まで伸ばした髪は栗色の巻き毛で、肌は黄金色。どう見ても北アフリカ系にしか見えず、ルーツは否定しようがなかった。それが嫌で、白人の女友達と同じに見えるように、誰よりも西洋的な格好をした。でも、そんなことをしても無駄だとすぐに思い知らされた。私はフランス生まれなのに、どうしようもなくモロッコ人だった。その頃からアイデンティティーや信仰に興味を持ちはじめ、こう考えるようになった。

「スカーフが私自身に向き合う助けにならないだろうか。容姿についての考え方が変わり、西洋と北アフリカの間で振り子のように揺れ動くことから抜け出せるかもしれない」

それは仏教の尼僧やキリスト教の聖職者、修道女たちのふるまいに近いかもしれない。彼らはどう見られるかではなく、偽りのない自分であるために、そして本質的なことだけを考えるために長くゆったりした服を身に着けている。多くの宗教で、聖なる場所に入るとき、人は神を敬って体を覆う。その神への敬意、神との強い結びつきこそ、私が二度と手放したくないものだ。「敬う」という言葉は今や地に落ちてしまったけれど。

こういう私を矛盾していると咎める人もいる。フェミニストでありながら、「隷属する女」の象徴であるスカーフを被るなんてありえない、と。その論理の危うさを指摘しよう。人をそのようにレッテル張りして枠に押し込めるのは、使い古された抑圧者の論理でしかない。なぜ、抑圧者が上から目線で説く「自由な女性」のイメージに合わせなければならないのだろう。ハイヒール、赤い口紅、脚線美を露わにするドレス。それは私が考える自由とは違う。それも自由の一つの表現かもしれないが、もっとずっと多様であっていいはず。今、私のなかで女性性と信仰はうまく折り合っている。それもまた自由を感じるということではないだろうか。

コーランの第七章二六節にはこうある。

「アダムの子孫たちに、裸を隠すための服と装身具を身につけさせた。しかし最良の服は敬虔な心である。そこに神の印が刻まれている」

この一節に、私が感じていることが完璧に表現されている。スカーフはサラート〔断食月の特別な礼拝〕や日々の礼拝の最中に私と神とを結びつけてくれる装い。それを一日中、そして毎日身に着けることで、私はいつでも神とともにあると感じられる。だからと言ってスカーフを被るのが嫌だったり、被る必要を感じない女性がいても、私より不信心だなどとは思わない。現にスカーフを被っていなくても、敬虔で深い精神性をもった女性をたくさん知っている。

スカーフを抑圧の象徴としか見ないフェミニストがいるのは、とても残念だ。いったい何の権利があって、一握りの女性が他のすべての女性に代わって、正しい解放の仕方とやらを決められるのだろう。それこそ女性を子ども扱いし、自分では何も選択できない存在だと貶めてきた父権社会の図式と変わらない。

誤解しないでほしいが、女性を従属させる道具としてスカーフを利用している国や地域があることは事実だし、それに対しては私も断固として闘う。

ただ私自身についていえば、仕事を持ち、教育を受け、最低限の教養も身に着け、自由を満喫し、夫とも平等だと感じている。私は何について誰から主体性を奪われているというのだろうか。

「自発的な隷属」という考えがブルキニ〔顔以外の全身を覆う水着。ブルカ（女性の全身を覆う長衣）とビキニの合成語〕をめぐる議論のなかで盛んに用いられたが、それはムスリムの女性を思慮が浅く愚かな存在とみなし、自分が隷属させられていることさえわからないほど知的にも肉体的にも弱々しい存在だと貶めるものだ。

そうしたフェミニストたちには、主人と奴隷に関するヘーゲルの弁証法を学び直してほしい。もし主人が奴隷の仕事に依存するならば、奴隷の奴隷ということだ。そして、もし奴隷が働くことで自由を獲得していくなら、私はこの奴隷でありたいと思う。そうやって支配の関係をひっくり返し、平等を獲得するのだ。

第33章　暴力を粉飾する

モロッコの朝の番組『早起き』は、フランスで言えばソフィ・ダヴァンが司会している公共放送フランス2の『盛りだくさん』にあたる娯楽番組だ。扱うテーマは美容、余暇、ライフスタイルなどで、論争を呼ぶようなことはまずない。二〇一六年十一月二十五日の放送でもすぐにはこれといった反応はなかった。ところが数日すると、事態が急変した。ネット上にさまざまな見出しが躍り、炎上しはじめたのだ。十一月二十五日は、女性に対する暴力撤廃の国際デーだ。こともあろうにこの日、モロッコ国営放送局の2Mが制作したのは、暴力の被害者である女性に向けたメイクアップ講座だった。

番組では腫れや青あざのダメージメイクを施した若いモデルを登場させ、プロのメイクアップ・アーティストが色とりどりのパレットを広げながら、にこやかに貴重なアドバイスを披露した。「赤く腫れた部分は刷毛《はけ》を使って、こんな風に緑色でカバーしてください」「青あざは最初にオレンジや黄色で補正して、その上にファンデーションを塗るといいでしょう」。殴られてできた青あざをメイクで隠す方法をテレビで教えるとは、いったい何を考えているのか。フェイスブックではこんな書き込みもあった。

「では来週は？　レイプの後はハマムで気分転換を、とでも教えるつもり？」

この番組ははからずもモロッコの歪んだ社会を見せつけることになった。それは世間の目ばかり気にし、被害者の苦しみなどは二の次にされる社会だ。病んで悲惨な現実も、ペンキを塗ったり壁紙を張るように覆い隠してしまえばいい。世間が見たいものだけを見せればいい。そういう社会だ。

ネットが炎上して数日後、テレビ局は謝罪したが、それがまた火に油を注ぐ結果となった。

「デリケートで重いテーマを扱うのに、判断ミスがあったことを深くお詫びします」

はたして判断ミスで済む問題だろうか。モロッコ社会で女性が置かれた現状を考えるとき、その言葉はあまりに軽い。

この出来事の数か月前、モロッコでは女性への暴力に関する法案が国会で可決されたばかりだった。その国会審議でも一波乱あった。というのも、いつ終わるかわからない議論を後目《しりめ》に、大半の議員が投票前に議場を出てしまったのだ。何か月にもわたって論争が繰り広げられ、緊迫する場面もあった末に、法案を採決したのはわずか一五人の女性議員と三人の男性議員にすぎなかった。国会で何が行なわれているかを見れば、その国のメンタリティーがよくわかる。モロッコの国会議員たちが見せた無関心や侮りは、女性への暴力を容認しているモロッコ社会の縮図というほかはない。

議論が高まるきっかけは二〇一五年、「女性の権利民主連盟」が発表した数字だった。二〇一四年の一年間だけで、暴力を受けた女性からの告訴は二四七二件。被害届は八四三二件にも上った。被害を受けても市民団体に訴えたり公にしたりするのがはばかられる社会であることを考えれば、実際の被害者の数はこんなものではないだろう。被害のうち四七パーセントは心理的侵害（侮蔑、嘲り、絶え間ない非難など）。一七パーセントは経済的侵害（給与や行政書類の没収、離婚後の扶養手当の未払いなど）。一五パーセントは肉体的侵害。そして一一パーセントが法的侵害（未成年者の婚姻、一夫多妻、性暴力など）だった。国の調査でも、夫から暴力を受ける女性は六人に一人。そのうち告訴に踏み切るのはわずか三パーセント。刑事訴追まで受ける加害男性は一パーセントに過ぎない。こうした数字は、モロッコではセクシュアリテが今なお決定的にタブーであるだけでなく、夫が妻を性の道具とみなしていることを示している。夫は妻の体を玩具のように楽しみ、そうする権利があると思っている。ひどいことには、イスラム法学者たちがその権利を保障しているのだ。例えば、夫を拒む妻は夜明けまで天使に呪われる、等々。

それでも女性たちが沈黙を守るのは、復讐を恐れ、夫や家族ひいては共同体から見捨てられるのを恐れるためだ。悔しまぎれに女性たちは問題を内在化してしまい、ついには自分を納得させてしまう。何があろうと夫の欲望を満たすのが妻の務めなのだと。もちろん、妻にそんな義務などない。それは性関係における合意の大切さを踏みにじる行為だ。結婚したから、あるいはカップルになったからといって、暗黙の合意をしたことにはならない。むしろ逆だろう。

注意してほしいのは、これはモロッコだけの問題ではないということだ。フランスで「夫婦生活の義務」という概念が法的に廃止されたのは一九九〇年。夫婦間にも強《ごう》かんの概念が認められ、重罪裁判にかけられるようになったのは一九九二年にすぎない。それでも前進にはちがいないが、問題は夫婦間の強かんをどう証明するかだ。妻はたしかに「いや」と言ったが、それは夫婦間で気分を盛り上げるための戯れだと被告の多くは言い逃れる。法制化したのは素晴らしいことだが、現実に適用できないような法では意味がない。

西洋ではなんでも法制化したがるが、そこにも落とし穴がある。長い間、男性が性関係の実権を握ってきた社会を、たった一つの法律で変えられるわけがない。文化の全体を考え直さければ。それも普遍的な方法で。

普遍的というのは、これが世界中の女性に共通の課題であるからだ。二〇一六年の国連報告にも引用されているが、世界銀行の調査によれば女性の七割がなんらかの暴力被害にあっている。十五歳から四十四歳までの女性に限ると、夫の暴力や強かんの被害にあうリスクは、癌、マラリア、交通事故、戦争のリスクをすべて合わせたよりも高い。また、世界中で五人に一人の女性が強かんもしくは強かん未遂の被害にあっている。

そして毎年、三〇〇〇万人もの女性が性器の強制切除の脅威にさらされている。地球上のどこであろうと、女性は自分たちの価値を認められずにいて、その性が戦争の武器として使われている国々が今でも存在する。

二〇一五年十二月三十一日にドイツのケルンで起きた事件も、その一つなのだろうか〔シリアなどからの難民が急増するなかで起きた事件。強かんを含む性暴行、強盗が集団で行なわれ、加害者がアラブ・イスラム系男性であったことから反難民感情を煽ることになった」。いくつかの新聞の社説が分析するように、この夜、一二〇〇人もの女性は性的テロリスムの標的として攻撃されたのだろうか。アルジェリアの作家カメル・ダウードは、アラブ・イスラム圏は性的貧困に喘いでいると指摘し、それは勇気ある発言だと思うが、少なからぬメディアや知識人が単純な二元論を振りかざしてアラブ・イスラム世界と西洋との「文明の衝突」を言い立てたのには首をひねる。

たしかに加害者の大半はモロッコ人、アルジェリア人、チュニジア人、レバノン人、イラク人と断定された。しかし複雑なニュアンスや精密な分析を欠いたまま、一つの文化を犯罪の唯一の原因とみなすのは非常に危険だと思う。アラブ・イスラムの性文化はこういうものだ、と決めてかかる本質主義的な傾向を私は恐れる。本質主義の考えは排他的な愛国主義や人種主義に結びつきやすく、何をしても無駄だと、人を決定的に無気力にしてしまうからだ。文明の衝突を語ることは、互いの陣営がそれぞれの場所にとどまり、一ミリの変化も進展も期待しないということ。セクソローグとして、そのような短絡的な態度には目をつぶれない。人間には柔軟性がなく、男性のセクシュアリテも男性が描く女性像も永遠に変わらないと考えるか――事件当時、その論調で多くの記事が書かれた――、それとも人間は絶えざる変化のなかにあると考えるか。私は後者だ。

第二のケルンを生まないよう、解決策を提案する記事がどこにあったろうか。告発したり、ある集団と別の集団を敵対させたりするのもけっこうだが、このような事件が再び起きないようにするにはどうしたらよいのか。そのためには、アラブの春のさなか、二〇一一年にすでにエジプトやチュニジアで起きていたことを問い、社会学的に分析しておくべきだったのだ。ドイツの大晦日の夜に起きたことは、タハリール広場の二の舞だったのだから〔エジプトで革命の中心地となったタハリール広場では、民主化を求めて共に闘っていた女性に対する強かんや性的暴行が横行していた〕。

この出来事が投げかける根本的な課題で、セクソローグとしても関心があるのは、アラブ・イスラム圏でもフランスでも性教育が適切に行なわれていないということだ。モロッコでは性教育はないも同然で、良くて始まったばかり。しかも予防措置的な教育でしかない。

フランスでは二〇一六年法が学校での性教育を確立したが、現実には行なわれていない、少なくともうまく行なわれてはいない。中学の三年と四年時〔フランスの中学は四年制〕に一時間あるだけで、避妊、性病、低年齢妊娠や望まない妊娠をいかに予防するかといった話をするていどだ。西洋でも、あるべき性教育からはほど遠い。私が望む性教育とは、性的な自己実現をかなえ、異なる性を尊重し、型にはまったジェンダーとそこから生まれる不平等を解体させてくれるような教育だ。

ところが現実には男女の溝は深まるばかりで、その惨憺たる結果は男女平等高等審議会〔首相の監督下におかれた独立機関〕の報告によく示されている。そこには憂慮すべき数字が並んでいるが、一例をあげてみよう。十三歳の少女の八四パーセントは自分たちの性器をどう描いたらいいかわからないのに、男性性器については五三パーセントが描けるのだ。また十五歳の少女では、四人に一人が自分たちにクリトリスがあることを知りもしなければ、その言葉を耳にしたこともない。それがフランスの実情だ。モロッコでは言わずもがなだろう。

私の診療室を訪れる夫婦の大半は北アフリカ出身で、性的な充足が得られないという来院理由が九割にのぼる。アラブ文化では、子どもたちは肉体的なフランストレーションを抱えて育つという現実を知っていれば、驚くにはあたらないだろう。子どもの体は手に負えないものとみなされ、咎められ、抑圧され、虐待され、強かんされることさえある。自分の体を肯定し、思い通りにのびのび育つことができず、タガをはめられるうちにやがて自分の体に敵対するようにさえなってしまう。言葉で褒めてもらったり、抱きしめられたりすることもめったにない。患者たちからはよくこんな風に打ち明けられる。「両親とは肌の触れ合いがありませんでした。それでも母はいくらか優しく接してくれましたが、父はまったく」。

私の家族は例外中の例外で、私の父のような男親は北アフリカにはめったにいない。

肌の触れ合いがなく、感情表現に乏しい環境で育つと、大人になってもどんな風に愛情を表現してよいかわからない。すると情緒はひどく不安定になり、性的な関係でもいきおい暴力的になる。相互関係を結ぶ代わりに、自分の欲動だけで突っ走り、相手を物のように扱ってしまう。感情は生まれながらに備わっているものではなく、学びながら身につけていくものだ。肉体を不浄で淫らなものとみなすアラブ文化では、とりわけそうだ。例えばムスリムが礼拝に行く前にセックスした場合、いつもの小浄〔体の一部を水で洗うお清め〕ではなく、全身をきれいに洗わなければならない。しかしこのとき形だけなぞっても、そこに込められた深淵な奥義を知らなければ、肉体についてのポジティブなイメージは得られないだろう。

私はセクソローグとしてこの問題に無関心でいられないが、社会学者にも早急に取り組んでほしいと思う。愛し合うことを知らない人間、もっと単純に、愛することを知らない人間が、どうやって他者に敬意をもって接することができるだろう。ケルンでの事件やタハリール広場での悲劇から見えてくるのは、私たちの社会に決定的に欠けている性教育の問題だ。ところが事件の再発を防ぐために連帯するかわりに、人々は「文明の衝突」を言い立て、テロリストやイスラム過激派の思うツボにはまっている。私たちが分断されれば、彼らの支配にこれほど都合のいいことはないというのに。

セクシュアリテの尊い価値を見直し、取り戻すこと。そこにしか真の解決はない。たしかに性革命もあった。その革命によって私たちは、「肉体の罪」という、かまととぶった考えからは抜け出せたが、新たな隷属にはまりこんでいる。がむしゃらに興奮を求め、はてることなく性的能力を誇示し、セックスのためのセックスをし、相手の体を物のように扱う……そうした隷属から抜け出すために、ポルノやポルノが与える幻想から解放されよう。性行為ではなく、「性的な関係」を求めよう。非人間的になってしまったセクシュアリテをあらためて人間的なものにしていく。それが今、緊急の課題になっていると思う。

第34章　お茶にする？

初めに歌がある。打ち解けた空気に、ベルベルの和音が流れる。やかんに注がれる水の澄んだ音。やがて音はくぐもり、やかんは水で満たされる。それからガス台のタック、タック、タックというリズム。マッチを擦る音は、パーカッションのようだ。着火すると、メロディーが立ち上がる。それを合図にダンスが始まる。両腕がひらひらと左右に舞う。振り付けは身についている。ズルナ[1]の音が大きくなり、テンポが速まるとリズムも加速する。続いてベンディール[2]、ゲンブリ[3]、マンドール〔アルジェリア起源の弦楽器〕のパートが始まる。イノックス製のティーポットの蓋が音を立て、モロッコ式のお盆の上でティーグラスがふれてカチカチいう。ミントの葉を布巾《ふきん》に包んで水気をパンパンと叩き、ニガヨモギの葉を選り分ける。私は目を閉じてブレッドに飛ぶ。広場では人々がアフワッシュ[4]を踊っている。心が逸《はや》る。さあ、アラブ流のミントティー、エテイェの時間だ。

☪1 トルコ、アルメニア、イラン、アラブ諸国に広まる、オーボエと同種の木管楽器。

☾★2 北アフリカ全域で用いられる打楽器。

☾★3 ギニアの弦楽器。主にトアレグ人、ベルベル人によって演奏される

☾★4 ベルベルの伝統舞踊。

「ケッス・デティイェ？」

アラビア語で「お茶にする？」という問いかけ。それは学校から帰ってくる午後の、お決まりの挨拶のようなものだった。友達は何時間でも道草を食っていたが、私は息せき切るように帰り、自分の部屋にカバンを放り投げるが早いかランニングウェアに着替える。そこでようやく父がお決まりの——挨拶に等しい——問いかけをしてくれた。

「お茶にする？」

「返事はわかってるくせに！」

台所に入ると、父はちょうどやかんに水を注ぐところ。毎日、行きつけのムスリムの肉屋で買ってくる新鮮なミントの葉とニガヨモギが部屋中に香っている。そして食料品店で量り売りしている中国産の緑茶。これでないと本物のモロッコのお茶にならない。そしてティーポットを高く掲げ、ラッザと呼ばれる白い泡を立てるようにグラスに注ぐ。それが「モロッコ式」。分量はすべて「エイネック・ミゼネック」、目分量だ。

新鮮なミントの香りほど、私を旅に誘うものはない。今でもブレッドに帰ると従兄によくこう言ってからかわれる。

「ナディア、悪いけどお茶を出せないよ。ミントがないんだ」

モロッコでは伝統のレシピに数種類のハーブを混ぜ合わせた「タックリタ」を加えることもある。モロッコに旅したとき、必ず持って帰るハーブだ。

モロッコ風のもてなしでは、いつも人数分よりグラスを一個、時には二〜三個も余分にお盆に載せておく。後から友人や家族が加わるかもしれないからだ。父はいつもグラスを三個用意していた。私と父、二人だけのお茶の時間に誰かが加わることはなかったが。


お茶を入れ終わると、父はようやく腰を落ち着ける。そして真剣な授業が始まる。毎日二時間、私たちは性教育の大事業に取り組んだ。とはいっても解剖学や生物学に終始する学校の性教育とはまるきり違う。父は、そのカリスマ性と文学の才能で、いろんな物語を聞かせてくれた。『千夜一夜物語』、カマル・アル・ザマンとブドゥールの恋の物語、あるいはムサッブと妻の、ズレイカとヨセフの、ムスリムの兵士とキリスト教徒の娘の物語。シバの女王であるベルキスと、彼女がソロモン王に出した難問のお話。

なかでも私のお気に入りは、両親の出会いの物語だった。

「むかしむかし、小麦色に焼けて憂いを秘めた美青年が恋に落ちたとさ。相手はカサブランカのロッシュ・ノワール地区でも一番の美人と評判の娘。ある日のこと……」

「パパ、そんなの面白くない。本当の話をして」

まだ若い父と母が出会ったのは、私には祖父にあたる、互いの父親たちのおかげだった。祖父たちはロッシュ・ノワール地区に住み、ともにラファルジュで働き、親しくつきあっていた。父方の祖母は故郷の村に残って暮らし、出稼ぎに来ていた祖父にも余裕はなく、息子である父をしばらくの間、同僚の家で預かってもらうことになった。それが母方の祖父の家というわけだ。父はこのとき十八歳、母は十二歳だったと思う。すべてはそこから始まった。視線を交わし、やがて気持ちが通じ、お互いをたたえ合うようになった。しかし面倒を見てもらっている家の長女に近づくことなど、当時の常識では考えられなかった。それでも年月がたち、交わし合うのは、まなざしから美しいカリグラフィ〔アラビア式書道〕の詩へと変わった。そして父はフランスに旅立つとき、若いファティマに手紙を書き続けると約束した。もちろん約束は守られた。

話は続き、ティーポットは空になる。私は椅子の上に丸まって足を抱え、両ひざにあごを乗せて話の続きをせがんだ。話し上手の例にもれず、父は巧みにサスペンスを盛り込み、抑揚をつけて語った。そして私の好奇心が極まったところで、からかうように告げるのだった。「続きは、また次回……」

母がどれほど父に愛されていたかを、私はこの贅沢なお茶の時間を通して知った。母は若く美しく、褐色の肌に長い髪が波打っていた。体型もすらりと高く、西洋好みの父にはそれが大いに気に入っていた。それだけにパリに発《た》った父は気が気ではなかったろう。密かに恋こがれていた女性に、次から次と結婚話が舞い込むのではないかと。母は父への愛を両親には内緒にしていて、そのストレスから人前で気を失いかけることもあった。それで何か悪いものでも憑いているにちがいないと、地元の祈禱師をすべて回って診てもらうはめにまでなった。

「まったくもう、非の打ちどころのない結婚相手じゃないの。これ以上、お前は何を望んでいるの？」

祖母は少々強引に母を責めた。祖父のほうは娘の気持ち次第と鷹揚《おうよう》にかまえ、本人が気に入らない結婚を強いるようなことはなかった。悪魔憑きではないが、母は父以外の男性をもてなそうとすると本当に体が動かなくなってしまったらしい。そして期限を先延ばしにしては時間を稼いでいた。数か月して父が結婚の許しを求めにやってきて、ようやく祖父母は事の次第を理解したのだった。

話がこの部分に差しかかると、父は涙をこぼした。まるで今朝、それが起きたばかりというように。そのとき、祖父は——信じられないほど先進的な人で——語り草となった優しさをもってこう言ったのだ。

「娘は物でもなければ売りに出す牛でもない。フッシーヌ、お前が求める相手は私じゃない、娘だ。娘が受け入れるなら、私も受け入れる」

権威的な家長の下で行なわれる冷たく形式的な出会いから、いかにかけ離れていたことか……。父は誇らしげに告白した。

「お前の母さんは、父さんにとって最初で最後の女性だ。初めてふれた母さんの体をすぐに愛したし、愛されていることもわかった」

母とは間違ってもこんな会話は交わせなかったろう。仕事から帰った母に、私はいたずら心から料理をふるまって聞いた。

「ねえ、本当に気を失ったの？　『眠れる森の美女』みたいに？　パパがキスしたから目覚めたの？」

可愛そうに、ベルベルのおとぎ話で育っていた母には私が引き合いに出したディズニーのアニメなどわかるはずもなく、ただとまどっていた。

これが、私が受けた性教育だ。今のフランスで行なわれている衛生学的で不安を煽るような教育とはまるで違う。学校の授業では「危険だから、注意して！」ばかり言われる。そして、やたらと略語を振りかざす。ＶＩＨ〔エイズ〕、ＩＳＴやＭＳＴ〔ともに性感染症〕、ＩＶＧ〔人工妊娠中絶〕、等々。病気にかからないよう注意しなさい、妊娠しないよう注意しなさい、ちゃんと自分の体を守るよう注意しなさい、焦って行為に及ばないよう注意しなさい。もちろん用心することは大切だ。そこに異議を差し挟むつもりはないが、はたしてそこから始めるべきなのだろうか。私は同意できない。専門用語が並ぶ生物学の教科書では、人間の体が生身の人間のように感じられない。むしろセックスと生殖は違うものだと教えること、そして率直に生命について語ることが基本だと思う。現行の性教育は、性器教育や性的問題についての教育のように思える。技術的なことや性的な能力についてばかり語られ、本質が見失われている。愛や感情を語ることはタブーになってしまったのだろうか。

哲学の授業ではさまざまな愛の形を学ぶ。古代ギリシア人は、アガペー（神の普遍的な愛）、エロス（性愛）、ストルゲー（家族愛）、フィリア（友愛）を分けて考えていた。さらに、アラビア語となると比較にならないほどの相違がある。ムスリムの高名な詩人にして神学者であるイブン・

ハズムがその著書『ハトの首飾り』でふれているように、アラビア語では「愛」を意味する言葉が九十九以上もあるのだ。

父とのかけがえのないお茶の時間に、騒々しい世界から守られて、私は自分を確立していった。母はどうやら最初の子に男の子を望んでいたらしいが、父は娘を熱望していたことも知った。シンドバッドの冒険を知り、午後いっぱい、この船乗りとともに荒れ狂う嵐の海を航海した。預言者ムハンマドの同伴者たちの物語を発見し、啓示を受ける前の彼らは娘を生き埋めにするような人間だったことも学んだ。私の名が、ルーマニアの体操選手、ナディア・コマネチからとられたことも知った。モントリオール・オリンピックがあったその年、世界中が彼女の快挙と粘り強さを称えたのだと。

四十歳になった今も、父とのお茶の時間は続いている。目配せ一つで父はすぐにわかってくれる。「お茶を入れよう」。父のお気に入りのテーマは何だろうか。私は毎週火曜日、FMラジオ局でパーソナリティーをつとめ、タブーなしに欲望や快楽、幻想について語っている。また、男性も女性も自分で自分に禁止を強いたり性的にブロックしてしまうのはなぜなのか、その原因を分析する。仕事を終えてラジオ局を出ようとすると、私の一番のファンである両親が電話をかけてくることもある。たいてい母からの電話だが、その向こうで父が大声で笑っているのが聞こえる。

「マットハシュミッシュ！　恥ずかしくないのか、女性のオルガスムだなんて……」

父はアラビア語でからかう。こういうときはどんな返事を期待しているかわかる。

「恥ですって？　とんでもない。この父にしてこの娘あり。来週は男性のオルガスムについて話すから、ラジオにかじりついてなさい！」

私たちがこんな風に愛やセクシュアリテについてあけすけに語り合うのを、今では家族の誰もが慣れっこになっているが、夫と夫の姉妹にとって最初は大変だった。保守的な家庭に育った夫たちにしてみれば、私たちは異星人だった。私の実家で食事を共にするようになった当初の、居心地の悪さを今でも覚えている。夫は身の置き所がなかった。食卓の下に隠れられるものなら、迷わずそうしただろう。そして父と私が性関係やオルガスムについて議論するのを聞くまいとして、隙を見ては用事があるふりをして別の部屋へ行ってしまった。夫は逃げていたのだ。

「ナディア、僕には無理だよ。ご両親を尊敬しているからこそなんだ。家族のなかで唯一の娘である君が、父親とあんな会話をするなんて、とても理解できない」

今では夫も理解している。こうした会話のおかげで、私がどれほど解放され自己実現できているのかを。私の子どもたちが、彼らの父親に向かって愛の物語をせがむようになったら……これ以上に誇らしいことはない。

第35章　「二件の伝言があります」

診療室に置かれた留守電の着信ランプが点滅している。診療中は私が電話に出ないことを知っているので、患者たちは連絡先を残しておいてくれる。

今日は大変な一日だった。午前中は産後の自宅検診が三件あり、午後はセクソローグとして患者に向き合った。最後の患者は三十六歳になるマリ出身の女性で、何年も悩んだ末に心を決めてやってきた。どうしても知らなければならないことがあったからだ。彼女自身のため、そして娘のため、さらにはこの先授かるかもしれない娘たちのためにどうしても知らなければならなかった。彼女の家では、性器切除の話題は今でもタブーだ。誰もそれを口にしない。だから姉妹にも、女友達にも、まして母親にも聞けない。幼い頃にクリトリスの一部を切除されていたのかどうか、彼女は知りたかった。そして今日、わかった。私はできるかぎり慎重に対応したが、彼女は涙をおさえられなかった。私のほうはなんとか持ちこたえた。来週また来ることになっている。

本当に大変な一日だった。早く家に帰り、夫や子どもの顔を見たい。今夜は私の実家で夕食を共にすることになっている。

ゆったりと椅子に座り、仄暗い診療室の静寂をかみしめる。外はまだまぶしい光にあふれていた。

「二件の伝言があります」

一件目はポルノ映画の元女優で、今は監督をしているオヴィディからだった。私が担当しているラジオ番組にゲストとして出演してもらおうと、数週間前に依頼していたのだ。今年の一月、彼女が監督したドキュメンタリー『ポルノクラシー』をテレビで見て、ポルノ業界の逸脱ぶりや「ウーバー化」〔ネットを通じて単発の仕事を請け負う働き方。労働の不安定化や劣悪化が問題視されている〕に切り込んでいるのが興味深かったので、私たちの社会でどれほどポルノが影響力をもっているかを考えるのによい視点を提供してくれると思い、声をかけていたのだ。この問題を語るのに彼女以上にふさわしい人物はいないだろう。うれしいことに彼女は乗り気だった。詳細を詰めるために、後で電話をしよう。

もう一件はおとなしい声だ。

ノルマンディー地方に住む二十歳の女性で、ラジオで私が話しているのを聞き、診療の予約をしたいとのことだった。これといって問題があるわけではないが、家族と話せない話題について語りたいという。

「私はムスリムで、今は恋人もいません。でもあなたのラジオを聞いて、自分の体のことも、男性の体のことも何も知らないとわかったんです。それで性について準備をしておきたいと思って」

微笑ましい心持ちで、彼女の携帯の番号を手帳に書き込む。明日、かけよう。

いつものことだけれど、今日も夕食に遅れてしまう。

さあ、急がなくては。

その愛で日々を尊いものにしてくれる魂の伴侶、ジャマル・エディーヌへ
大切な私の宝、イナヤとカミルへ
その誠実さと愛で私を鍛え支えてくれる、ファティマとフッシーヌへ
分かち合いと自立を教えてくれた相棒、ヤシーヌとザカリアへ
私という存在に意味を与え、人類へと開いてくれた崇高なる者へ

訳者あとがき

本書は、モロッコ出身の移民労働者の娘としてパリに生まれ育ったナディア・エル・ブガの自伝的エッセイ（*LA SEXUALITÉ DÉVOILÉE. Sexologue, féministe, musulmane*, Éditions Grasset & Fasquelle, 2017）の全訳である。「スカーフを被った《ヴォワレ》」著者の写真を装画として使用しているところは同じだが、原題を直訳すると『ヴェールを脱いだ《デヴォワレ》セクシュアリテ――セクソローグ、フェミニスト、イスラム教徒』であり、日本語版の書名は原題の（著者のプロフィールを示す）サブタイトルをもとにしている。

彼女はフランスの公教育で育ち、自由と平等の思想に深く根を張り、個人主義を身につけたフランス人だが、一方では両親から受け継ぐアラブやベルベル人の文化を愛し、コーランの再解釈という知的冒険に挑む敬虔なムスリム（イスラム教徒）でもある。そして、断固としたフェミニストであり、移民が多く暮らすパリ近郊でセクソローグ（性科学医）として診療室を開き、助産師としても活動する。さらにはFMラジオ局でパーソナリティーを務め、アラブ・イスラム系の若者に向けて性を率直に語る番組で人気を博している。

地中海を挟んで向かい合う二つの異なる世界をともに自分の糧として育った著者が、どのようにフランス人として人生を切り開いてきたのか。

本書では、好奇心旺盛で利発な少女時代のユーモラスなエピソードから、アラブ系難民であふれるドイツで二〇一五年に起きた集団性暴行事件までが縦横無尽に語られ、その合間にセクソローグとして診療室で出会う患者とのやりとりが挟まれる。流れのままに読み進めれば、性とイスラムに関する固定観念が取り払われ、多様な文化に開かれる開放感を味わってもらえると思う。

フランスでは二〇一七年に出版され、日本語版刊行との間に未曾有のパンデミックが世界を襲うことになった。この出来事を経て、もしかしたら本書が届けるメッセージがより身近に感じられるかもしれない。世界のあらゆる場所で、人が人と交わることを絶たれ、愛する人を看取ることさえ許されない状況となり、序文で著者が語っているように、生身の人間と触れあうことがどれほど私たちに重要であるかを思い知らされた一年半だった。その意味で、本書で語られる「性」はまさに「生」であり、私たちに癒しがたい飢えと渇きをもたらした根源的なものについて語られていることが、より切実に響くのではないだろうか。

とはいえアラブ・イスラムの文化は日本にいる私たちにはあまり馴染みがなく、遠い存在に感じられる読者も多いことと思う。じつは、翻訳上の質問にオンラインで答えてもらったおり、著者自身がその距離を口にした。快活で率直で弾むような話しぶりの著者にいっぺんで魅了されたが、一通り質問を終えた私に、彼女は逆にこう質問してきたのだ。

「どうして私の本に興味を持ったの？　なぜ、翻訳しようと思ったの？　すごく遠い世界のように感じられるけれど」

フランス社会の最も大きな課題の一つとして、アラブ・イスラム系市民をめぐる差別構造に関心をもっていたこと。また、エリザベット・バダンテールら高名なフェミニストの「スカーフ論争」をめぐる強硬な姿勢に違和感を持っていたこと。加えて、かつてモロッコに旅したときに本書で紹介されているような伝統的な結婚式に遭遇し、処女性を証明するシーツで祝宴が頂点に達するのを目にし、性が個人ではなく共同体に属していることに衝撃を受けた、といったことをとりとめなく答えた。

そうした性にまつわる文化を含め、本書が日本の読者にどのような意味をもちうるのか、あらためてここに簡単に整理しておきたい。

一つは多様なフェミニズムの問いである。

世界各地で#MeToo運動が起こり、ここ何年かで女性への暴力やセクシャル・ハラスメントへの関心は急速に高まり、コロナ禍を経て女性の貧困が顕在化するようにもなっている。その大元にあるのは女性への構造的差別である。アラブ・イスラム圏であろうと、ヨーロッパであろうと、アジアであろうと本質的には変わらない。西洋は女性差別に先進的に取り組んでいるように思われがちだが、フランスでも三日に一人の女性がパートナーの暴力によって亡くなっている。

セクシュアリテに関しても同じことが言える。セクソローグでもある著者は、アラブ・イスラム圏はもとより、合理主義の精神を尊ぶフランスでもいまだに性に関するタブーに縛られ、性教育も決して十分ではないと嘆いている。コロナ禍によって生理の貧困も公に語られるようになり、女性の貧困が性にまつわる偏見や差別に分かちがたくむすびついていることも鮮明になっている。

日本では二〇一七年、性暴力に関する刑法が一一〇年ぶりに大幅改正されたが、多くの女性が求めていた「合意なしの性行為」の犯罪性を法制化することは叶わなかった。モロッコでも二〇〇四年に家族法が改正され封建性が少しは取り払われたが、一方で刑法四七五条では「レイプ加害者は被害者と結婚すれば犯罪が免除される」とあり、女性に幾重もの苦しみを強いている。フランスでも、モロッコでも、日本でも、私たちは同じ課題を生きているのである。

こうした環境のなかで、著者はフェミニストとしてメディアでも積極的に発言し、職業を通じた実践も行なっている。ところが、ムスリムとしてスカーフを着用していることから、一部のフェミニストから批判も浴びてきた。自立した女性として自らの意思でスカーフを着用してきた経緯を、著者は本書でも丁寧に説明しているが、スカーフ着用を批判するフェミニストたちは、判で押したように、イスラムを女性蔑視の宗教と決めつけ、ムスリムの女性を男性に従属し抑圧されるだけの存在とみなし、スカーフをその抑圧の象徴としてしか見ない。

「スカーフを被ったフェミニストなど自己矛盾だ。あなた方は自分が抑圧されていることがわかっていない」。こうした言説には西洋中心主義、もっと言えば「未開人を西洋の知で啓蒙し、文明化しよう」と謳った植民地主義のにおいがする。

もちろん著者はフランス社会に生きているからこそ自分の選択でスカーフを被っているのだと語り、仮にサウジアラビアに生きていたら絶対に被らないだろうとも断言している。サウジアラビアでは、女性は公共の場では全身を覆う服装を強いられる。そこに「選択」はありえず、スカーフを被ることは、それを強いる父権への服従でしかないからだ。こうしてスカーフというテーマをめぐっても、著者はさまざまな論点を一緒くたにする単純化を避け、現実の複雑さを考慮しながら論理的かつ実践的に語ろうとする。その姿から逆に、現実から乖離し硬直化したフェミニズムの問題も明らかになる。

じつはフェミニストに限らず、フランスでは「スカーフ論争」と呼ばれる議論が長く社会を揺るがしてきた。背景には、ライシテ（laïcité）と呼ばれるフランス特有の概念が関わっているので、少し説明しておこう。

政教分離、世俗主義、非宗教性などと訳されるライシテは、フランス共和国の統合原理であり、王権や教会権力を市民が自らの手で倒したフランス革命に由来している。革命を経て宗教は私的領域に属すものとなり、政教分離を実現する共和国では、教育も宗教的中立性を確保していく。別の言い方をすれば、ライシテとは信教の自由を保障する原理であり、誰も宗教によって差別されないことを意味する。ユダヤ人が欧州で初めて市民として解放されたのも、ここに根拠を持っている。

ところが社会が変化するなかで、ライシテに原理主義的な解釈が生まれていく。背景の一つには、旧植民地からのアラブ・イスラム系移民の増加がある。今、フランスのアラブ系人口は五〇〇万人とも言われ、欧州最大のコミュニティーを成している。移民の第二世代、第三世代はフランスに生まれフランス語で育つフランス人だが、今なお社会的には有形無形の偏見と差別にさらされている。二〇〇一年の米国同時多発テロ事件以降はさらにイスラム嫌悪の風潮が重なり、ライシテの名でイスラム攻撃を正当化するような動きが目立つようになる。そして二〇〇四年、本書にも登場するシラク大統領によって、宗教的標章着用禁止法が成立する。公立学校で宗教を「これ見よがし」に表現することを禁じる法律で、十字架のネックレスも「これ見よがし」に大きければ禁止の対象になる理屈だが、一般には「スカーフ禁止法」と呼ばれているように、明らかにイスラムが標的にされている。

こうした差別の背景にはフランスがいまだ清算していない植民地主義の問題がある。マクロン大統領は就任前の二〇一七年、旧植民地のアルジェリアで「植民地支配は人道に対する罪であった」「歴史を直視し謝罪しなければならない」と発言してフランス国内で物議をかもしたことがある。しごくまっとうなこの発言が騒がれることに、日本と同様にフランスもまた植民地主義の歴史に向き合えないできたことがわかるだろう。

十九歳の著者が自分の意思でスカーフを被ると決めたとき、父親は「こんなちっぽけな布きれのせいで、娘がすべてを台なしにしてしまう」と泣き崩れたという（第一章）。その表現が決して過剰ではないことは、こうした事情を知れば納得がいくだろう。

さて、著者はこうしてスカーフを被り、西洋中心主義のフェミニズムと一線を画しているが、一方ではアラブの強固な父権社会も容赦なく批判する。自由な個人としての解放も、性的な充実も阻んでいる家父長制は、聖典コーランの解釈にも影響を与え、その教えを歪めていると著者は見ている。イスラムは女性に抑圧的な宗教だと一般に思われているが、それは男性の法学者たちが父権社会に都合が良いように解釈してきたからだと、コーランのテキストを詳らかに検証しながら語る部分は、じつに説得力がある。したがって新たな視点で読み直し、解釈し直せば、コーランを現代に再生させることができるはずだとも確信している。夫とともにコーランの再解釈とフランス語訳という大事業に取りかかっているのはそのためだ。これまでフランス語に翻訳されたコーランが、いかに誤りに満ちたものであるかも本書で具体的に指摘されている。日本語文脈でも事情はさほど変わらないだろう。アラブ・イスラム社会の内部でさえ解釈に偏向があるなら、言語も文化も異なる地域でどれほど誤って理解されてきたかは想像にかたくない。この点からも、多くの読者にとって目からうろこの読書体験になるのではないだろうか。

もちろんイスラムが生まれた時代を考えれば、解釈以前の問題として、とうてい現代には受け入れがたい部分があることも著者は認めている。

例えば中絶について、著者はたとえ聖典がそれを認めないとしても、「本人の自己決定権をまっとうできるように女性たちの選択に寄りそうことが私の仕事だから」と、医療従事者としての使命を優先する。

また、男性は妻を四人まで娶《めと》ってよいというコーランのテキストについても、著者は歴史的文脈から明快な解釈を与えたうえで、「私たちが生きているのは七世紀ではない」と態度を明らかにする。

西洋とアラブ・イスラムの両方にアイデンティティーを持つ著者は、こうして自分を養い育てた二つの文化、二つの社会のどちらかを一方的に断罪したり、逆に無条件に受け入れたりすることなく、いずれにも批判的なまなざしを向けている。一つの文化に自閉していると、異なる者や文化に出会ったときに驚き、反発し、排斥に向かいやすいだろう。多様な文化に馴染み、その社会の現実を知っているからこそ、いずれか一方を絶対化することなく、それぞれの文化を批判的に見つめ、それを乗り越える広い視野を持ちうる。その開かれた精神こそ、本書からくみとれる最も豊かな恵みにちがいない。序文のメッセージにもある「敬意と寛容」は、そこにつながっている。

最後まで読み通し、遠いと思っていたアラブ・イスラムの文化や社会が意外に日本社会に近いという印象を持つ読者もいるのではないかと思う。「モロッコでは、誰もが上の人間の顔色をうかがっている」「行動規範が普遍的かどうかより、アラブ文化にふさわしいかどうかを重視する」「人々は互いに監視しあい、自ら自由を禁じ、世間にどう見られているかを恐れて生きる」。同調圧力の強い日本社会の鏡をそこに見るのは訳者だけではないだろう。私たちの社会にも同じようにある抑圧について、本書とともに考えてもらえたらうれしい。

なお、著者の職業である助産師については、時代背景や著者の意図によってあえて「助産婦」と表記した個所もある。それぞれの語彙に、時代の精神や、込められた思いを想像してもらえればありがたい。また、アラビア語に関しては、すでに訳語が一般化しているものはその表記に従い、その他は著者本人の発音に基づいて訳者の責任で表記した。アラビア語を知らない訳者にとって馴染みのない音韻を聞き取るのは難しく、間違いもあるかと思う。ご教示いただければ幸いである。

最後に、忙しい時間を調整して訳者の疑問や依頼に応えてくれた著者に心より感謝したい。また予想外に遅延した仕事につきあっていただいた編集者、和久田頼男さんにも感謝する。

二〇二一年六月　東京

中村富美子

ナディア・エル・ブガ〔Nadia El Bouga〕

モロッコ出身の両親のもと、パリに生まれ育つ。敬虔なムスリム（イスラム教徒）であり、フェミニスト。セクソローグ（性科学医）としてパリ近郊に診療室を開設し、フリーランスの助産師としても活動。また、アラブ・イスラム系のＦＭラジオ局「ブールＦＭ」でパーソナリティーを務め、セクシュアリテに関する時評で人気がある。

ヴィクトリア・ゲラン〔Victoria Gairin〕

週刊誌『ル・ポワン』記者。

訳者略歴

中村富美子［なかむら・ふみこ］
ジャーナリスト、翻訳家、大学講師
パリ第10大学DEA（前期博士課程）修了。
アートと社会の関係を中心に、週刊誌、月刊誌などに寄稿。
翻訳書にダニエル・ベンサイド『マルクス　取扱説明書』（柘植書房新社、共訳）、
リティ・パニュ『消去』（現代企画室）。

私はイスラム教徒でフェミニスト

2021年 8 月 25日　印刷
2021年 9 月 15日　発行

著　者　ナディア・エル・ブガ＋ヴィクトリア・ゲラン
訳　者© 中村富美子
発行者　及川直志
発行所　株式会社白水社
電話　03-3291-7811（営業部）7821（編集部）
住所　〒101-0052 東京都千代田区神田小川町3-24
www.hakusuisha.co.jp
振替　00190-5-33228
編集　和久田頼男（白水社）
装丁　名久井直子
印刷・製本　図書印刷株式会社
乱丁・落丁本は送料小社負担にてお取り替えいたします。

ISBN978-4-560-09859-2
Printed in Japan